对外汉语本科系列

语言技能类　一年级教材

汉语教程 修订本
HANYU JIAOCHENG
第一册
上

初版

主　编：杨寄洲
副主编：邱　军
编　者：杨寄洲　邱　军　朱庆明
英　译：杜　彪
插　图：丁永寿

修订本

修　订：杨寄洲
英　译：杜　彪

北京语言大学出版社
BEIJING LANGUAGE AND CULTURE
UNIVERSITY PRESS

图书在版编目（CIP）数据

汉语教程·第一册·上/杨寄洲主编. —修订本
—北京：北京语言大学出版社，2006（2014.3重印）
（对外汉语本科系列教材）
ISBN 978－7－5619－1577－6

Ⅰ．汉…
Ⅱ．杨…
Ⅲ．汉语－对外汉语教学－教材
Ⅳ．H195.4

中国版本图书馆 CIP 数据核字（2006）第 006694 号

书　　名：	汉语教程·第一册·上
责任印制：	陈　辉

出版发行：	**北京语言大学出版社**
社　　址：	北京市海淀区学院路 15 号　邮政编码：100083
网　　址：	www.blcup.com
电　　话：	发行部　82303650 /3591 /3648
	编辑部　82303647 /3592 /3395
	读者服务部　82303653 /3908
	网上订购电话　82303668
	客户服务信箱　service@blcup.com
印　　刷：	保定市中画美凯印刷有限公司
经　　销：	全国新华书店

版　　次：	2006 年 7 月第 2 版　2014 年 3 月第 17 次印刷
开　　本：	787 毫米×1092 毫米　1 /16　印张：11
字　　数：	187 千字　印数：211001—231000 册
书　　号：	ISBN 978－7－5619－1577－6 / H·06003
定　　价：	30.00 元

凡有印装质量问题，本社负责调换。电话：82303590

前　言

　　这是《汉语教程》的修订版。《汉语教程》自1999年出版以来，被国内外很多教学单位选作教材。此次修订，我们进行了较大的修改和调整，使其更符合教学需要。

　　本教程的适用对象是零起点的汉语初学者。

　　第一册1~30课。分上、下两册，每册15课。建议课时为：1~25课每课2学时，26~30课每课4学时。（每学时50分钟）

　　第二册1~20课。分上、下两册，每册10课。建议课时为：每课4学时。

　　第三册1~26课。分上、下两册，每册13课。建议课时为：每课6~7学时。

　　全书共76课，在正规的教学单位，可使用一年。当然，各教学单位完全可以根据自己的教学对象和教学目标，灵活掌握。

　　编写这套教材的指导思想是，以语音、语法、词语、汉字等语言要素的教学为基础，通过课堂讲练，逐步提高学生听说读写的言语技能，培养他们用汉语进行社会交际的能力。同时也为他们升入高一年级打下基础。

　　本教材的体例是：一、课文；二、生词；三、注释；四、语音、语法；五、练习。

　　一、课文

　　本书第一二册（1~50课）的课文以实用会话为主，也编写了一些叙述性短文。第三册（51~76课）都是选编的叙述性短文。

　　课文是教材最重要的部分，也是课堂教学的主要内容。它是语法和词语的语用场，语法只是本教程课文编写的结构支撑，是一条暗线。离开课文，语法将无所依凭。初级阶段的汉语课堂教学，应该借助语法从易到难的有序性和渐进性，把句子的结构、语义和语用这三者结合起来。要让学生了解一个句子的使用语境。也要逐步让学生知道，在一定语境中怎么用汉语表达。

　　我们的目的是以语法为指导去学习课文，通过朗读课文、背说、写话等教学手段，提高学生听说读写的言语技能和运用汉语进行社会交际的能力。课堂上要用主要的精力带领学生听课文、读课文和说课文。教材中的生词、注释和语法说明，都是为课文教学服务的。

　　本书共出生词2900多个。这些生词充分照顾到了词汇大纲的规定。每课都有一定的量的控制。课堂上要把生词放在句子中去讲练。因为只有句子和课文才能规定词义的唯一性。

　　二、注释

　　注释是对一些语言点和文化背景知识的说明。

三、语法

本书的语法虽然不刻意追求系统性，但全书的语法安排是有章可循的，是严格按照由易到难，循序渐进的原则编排的。因此，如果不完成第一册和第二册的教学任务，进入第三册教学是困难的。需要强调的是，我们这套教材主要是借助汉语语法结构讲课文的，是以语法为指导，教学生说中国话的。因此，语法的讲解力求简明扼要，从结构入手，重点阐释其语义和语用功能，教学生怎么运用语法去说，去写，去表达。课堂上，要通过图片、电脑软件、动作等各种形象直观的教学手段，演示语法点，使学生感悟和理解每个语法点的意义、功能和使用语境，把语法、语境与交际紧密结合起来，提高学生运用汉语进行交际的能力。

四、语音

本教程用10课的篇幅集中进行语音教学。但严格说来，语音语调训练应该贯穿初级阶段课堂教学的全过程。语音训练的重要性，怎么强调都不过分。需要说明的是，到了句型、短文阶段，语音教学当然应该结合课文的朗读和背说来进行。我们在练习里设置的语音练习项目，只是起个提示作用。

五、练习

本教材的练习设计注意遵循理解、模仿、记忆、熟巧、应用这样一个言语学习和习得规律。练习项目包含了理解性练习，模仿性练习和交际性练习等，既考虑到了课堂教学的需要，也考虑到了自学者自学的需要。教师可以根据自己教学的实际灵活使用。自第二册开始，为部分练习提供了答案，供使用者参考。

对外汉语教学不同于母语教学的一点是，语言要素的教学不能孤立进行，语言要素教学过程本身就是言语技能和言语交际技能训练的过程。课堂教学是师生互动，讲练结合的过程。无论是语音教学还是语法句型和词语语段教学都要贯彻实践第一，交际为主的原则，精讲多练，这样才能收到良好的教学效果。

此次修订，编者听取了不少专家和教师的意见和建议，北京语言大学出版社也给予了大力的支持，在此，表示诚挚的感谢。同时，还要向帮助和支持我完成《汉语教程》初版编写工作的朋友和同事赵金铭、邱军、李宁、隋岩、丁永寿等表示诚挚的感谢。

本教程第三册的短文，大都选自报纸杂志，编者根据教学需要进行了加工改写。在此，也向原文的作者表示感谢之忱。

教材的疏漏之处在所难免。欢迎使用本教程的教师和同学们提出意见，以便及时改正。

杨寄洲
2005年11月

一、汉语词类简称表　Word class abbreviations

1. 名词　　　　míngcí　　　　　（名）　　　noun
2. 代词　　　　dàicí　　　　　 （代）　　　pronoun
3. 动词　　　　dòngcí　　　　　（动）　　　verb
   离合词　　　líhécí　　　　　　　　　　　clutch verb
4. 形容词　　　xíngróngcí　　　（形）　　　adjective
5. 数词　　　　shùcí　　　　　 （数）　　　numeral
6. 量词　　　　liàngcí　　　　 （量）　　　classifier
   数量词　　　shùliàngcí　　　（数量）　　numeral-classifier phrase
7. 副词　　　　fùcí　　　　　　（副）　　　adverb
8. 介词　　　　jiècí　　　　　 （介）　　　preposition
9. 连词　　　　liáncí　　　　　（连）　　　conjunction
10. 助词　　　 zhùcí　　　　　 （助）　　　particle
    动态助词　 dòngtài zhùcí　　　　　　　 aspect particle
    结构助词　 jiégòu zhùcí　　　　　　　　structural particle
    语气助词　 yǔqì zhùcí　　　　　　　　　modal particle
11. 叹词　　　 tàncí　　　　　 （叹）　　　interjection
12. 象声词　　 xiàngshēngcí　　（象）　　　onomatopoeia
13. 词头　　　 cítóu　　　　　 （头）　　　prefix
14. 词尾　　　 cíwěi　　　　　 （尾）　　　suffix

二、发音部位图　The place of articulation

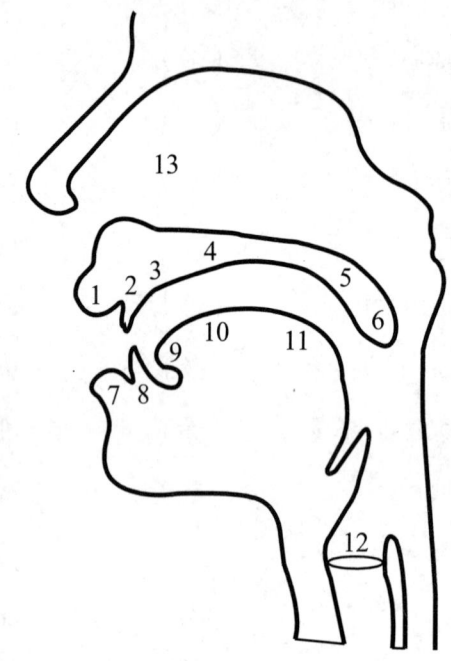

1.	上唇	shàngchún	upper lip
2.	上齿	shàngchǐ	upper teeth
3.	牙床	yáchuáng	teethridge
4.	硬颚	yìng'è	hard palate
5.	软颚	ruǎn'è	soft palate
6.	小舌	xiǎoshé	uvula
7.	下唇	xiàchún	lower lip
8.	下齿	xiàchǐ	lower teeth
9.	舌尖	shéjiān	tip of the tongue
10.	舌面	shémiàn	blade of the tongue
11.	舌根	shégēn	back of the tongue
12.	声带	shēngdài	vocal cords
13.	鼻腔	bíqiāng	nasal cavity

三、课堂用语　Classroom Chinese

教师课堂用语　classroom chinese for teacher

1. 同学们好！现在上课。

    Tóngxuémen hǎo! Xiànzài shàng kè.

    Hello, everyone! Now let's begin our class.

2. 请看黑板！

    Qǐng kàn hēibǎn!

    Please look at the blackboard.

3. 请听我发音！

    Qǐng tīng wǒ fā yīn!

    Please listen to my pronunciation!

4. 听我说。

    Tīng wǒ shuō.

    Please listen to me.

5. 跟我说。

    Gēn wǒ shuō.

    Say after me.

6. 跟我读。

    Gēn wǒ dú.

    Read after me.

7. 跟我写。

    Gēn wǒ xiě.

    Write after me.

8. 再听一遍。

    Zài tīng yí biàn.

    Listen to it again.

9. 再读一遍。

   Zài dú yí biàn.

   Read it again.

10. 再说一遍。

    Zài shuō yí biàn.

    Say it again.

11. 再写一遍。

    Zài xiě yí biàn.

    Write it again.

12. 现在听写。

    Xiànzài tīngxiě.

    Now the dictation.

13. 请打开书，翻到第_____页。

    Qǐng dǎkāi shū, fān dào dì _____ yè.

    Please open your books, and turn to page _____.

14. 读课文，要大声朗读。

    Dú kèwén, yào dàshēng lǎngdú.

    Read the text, and read it aloud.

15. 有问题请问。

    Yǒu wèntí qǐng wèn.

    If you have questions, please ask.

16. 现在布置作业。

    Xiànzài bùzhì zuòyè.

    Now the assignment (for today).

17. 预习新课的生词，要会读会写。

    Yùxí xīn kè de shēngcí, yào huì dú huì xiě.

    Preview the new words of the new lesson, you should be able to read and write them.

18. 请看一下语法/注释。

    Qǐng kàn yíxià yǔfǎ/zhùshì.

    Please look at the grammar/notes.

19. 请把作业交给我。

    Qǐng bǎ zuòyè jiāo gěi wǒ.

    Please hand in your homework (to me).

20. 下课。

    Xià kè.

    Class is over.

学生课堂用语 classroom chinese for student

1. 老师好!

    Lǎoshī hǎo!

    Hello, (teacher!)

2. 请您再慢一点儿。

    Qǐng nín zài màn yìdiǎnr.

    Please slow down a little.

3. 请您再说一遍。

    Qǐng nín zài shuō yí biàn.

    Would you please say it again?

4. 请您再念一遍。

    Qǐng nín zài niàn yí biàn.

    Please read it one more time.

5. 这个字/词怎么读?

    Zhè ge zì/cí zěnme dú?

    How should this character/word be pronounced?

6. 这个词是什么意思?

    Zhè ge cí shì shénme yìsi?

    What does this word mean?

7. 英语的"……"汉语怎么说？

   Yīngyǔ de "……" Hànyǔ zěnme shuō?

   What's the Chinese for. . . ?

8. 今天的作业是什么？

   Jīntiān de zuòyè shì shénme?

   What is the homework for today?

9. 老师，他/她病了，不能来上课。

   Lǎoshī, tā bìng le, bù néng lái shàng kè.

   He/She is ill, so he/she cannot come to the class.

10. 对不起，我迟到了。

    Duìbuqǐ, wǒ chídào le.

    Sorry, I'm late.

11. 谢谢老师！

    Xièxie lǎoshī!

    Thank you, (teacher!)

12. 再见！

    Zàijiàn!

    Goodbye!

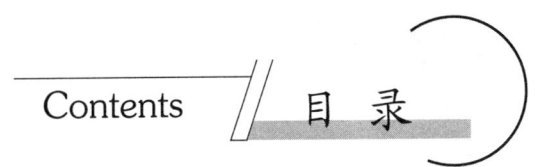

第一课　你　好　(1)

    一、课文

    二、生词

    三、语音　（一）声母：b p m f d t n l g k h

               （二）韵母：a o e i u ü ai ei ao ou

               （三）拼音

               （四）声调

    四、注释　（一）汉语音节的组成

               （二）发音要领

               （三）书写规则

               （四）声调

               （五）变调

               （六）音节和汉字

    五、练习

第二课　汉语不太难　(13)

    一、课文

    二、生词

    三、语音　（一）韵母

               （二）拼音

    四、注释　（一）发音要领

               （二）轻声

               （三）半三声

    五、练习

I

第三课　明天见　　　　　　　　　　　　　　　　　　　(19)

　　一、课文　（一）学汉语
　　　　　　　（二）明天见
　　二、生词
　　三、语音　（一）声母：j q x
　　　　　　　（二）韵母：i ia ie iao iu(iou) ian in iang
　　　　　　　　　　　　　ing iong ü üe üan ün
　　　　　　　（三）拼音
　　四、注释　（一）发音要领
　　　　　　　（二）书写规则
　　　　　　　（三）"不"的变调
　　五、练习

第四课　你去哪儿　　　　　　　　　　　　　　　　　　(28)

　　一、课文　（一）你去哪儿
　　　　　　　（二）对不起
　　二、生词
　　三、语音　（一）声母：z c s
　　　　　　　（二）韵母：-i[ɿ] er ua uo uai ui(uei) uan
　　　　　　　　　　　　　un(uen) uang ueng
　　　　　　　（三）拼音
　　四、注释　（一）发音要领
　　　　　　　（二）韵母 -i[ɿ]
　　　　　　　（三）er 和儿化韵
　　　　　　　（四）书写规则
　　　　　　　（五）隔音符号
　　五、练习

第五课　这是王老师　　　　　　　　　　　　　　　　　　(37)
　　一、课文
　　二、生词
　　三、语音　（一）声母：zh ch sh r
　　　　　　　（二）韵母：-i[ʅ]
　　　　　　　（三）拼音
　　四、注释　（一）发音要领
　　　　　　　（二）韵母：-i[ʅ]
　　五、练习
　　附：汉语普通话声韵母拼合表

第六课　我学习汉语　　　　　　　　　　　　　　　　　　(46)
　　一、课文　（一）我学习汉语
　　　　　　　（二）这是什么书
　　二、生词
　　三、注释　（一）中国人的姓名
　　　　　　　（二）贵姓
　　四、语音　词重音(1)
　　五、练习

第七课　你吃什么　　　　　　　　　　　　　　　　　　　(56)
　　一、课文
　　二、生词
　　三、注释　"一"的变调
　　四、练习

第八课　苹果一斤多少钱　　　　　　　　　　　　　　　　(63)
　　一、课文
　　二、生词
　　三、注释　（一）……吧

III

　　　　　　（二）"2 + 量词"　　两(liǎng) + 量词

　　四、语音　词重音(2)

　　五、练习

第九课　我换人民币　　　　　　　　　　　　　　　　　　　　(70)

　　一、课文

　　二、生词

　　三、注释　（一）先生、小姐

　　　　　　　（二）请等一会儿

　　四、语音　三个三声的读法

　　五、练习

第十课　他住哪儿　　　　　　　　　　　　　　　　　　　　　(76)

　　一、课文

　　二、生词

　　三、注释　（一）请问

　　　　　　　（二）他在家呢

　　　　　　　（三）您

　　　　　　　（四）"0"

　　四、语法　（一）汉语句子的语序

　　　　　　　（二）动词谓语句

　　　　　　　（三）号码的读法

　　五、练习

第十一课　我们都是留学生　　　　　　　　　　　　　　　　　(86)

　　一、课文　（一）这位是王教授

　　　　　　　（二）我们都是留学生

　　　　　　　（三）你也是中国人吗

　　二、生词

　　三、注释　我先介绍一下儿

四、语法　（一）怎么问(1)：……吗？
　　　　　（二）状语
　　　　　（三）副词"也"和"都"

五、语音　（一）句重音(1)
　　　　　（二）语调(1)

六、练习

第十二课　你在哪儿学习　(98)

一、课文　（一）你在哪儿学习汉语
　　　　　（二）你们的老师是谁

二、生词

三、语法　（一）怎么问(2)：疑问代词
　　　　　（二）定语和结构助词"的"
　　　　　（三）介词"在"和"给"

四、语音　（一）句重音(2)
　　　　　（二）语调(2)

五、练习

第十三课　这是不是中药　(110)

一、课文　（一）这个黑箱子很重
　　　　　（二）这是不是中药

二、生词

三、注释　这是一些药

四、语法　（一）怎么描写和评价：形容词谓语句
　　　　　（二）怎么问(3)：正反问句
　　　　　（三）"的"字词组

五、语音　（一）词重音(3)
　　　　　（二）语调(3)

六、练习

第十四课　你的车是新的还是旧的　　　　　　　　　　　　　　　　　（124）

　　一、课文　（一）您身体好吗

　　　　　　　（二）你的自行车是新的还是旧的

　　二、生词

　　三、注释　（一）有(一)点儿忙

　　　　　　　（二）啊，在那儿呢。

　　四、语法　（一）主谓谓语句

　　　　　　　（二）怎么问(4)：选择问句：……还是……？

　　　　　　　（三）怎么问(5)：省略问句：……呢？

　　五、语音　（一）选择问句的语调

　　　　　　　（二）省略问句的语调

　　六、练习

第十五课　你们公司有多少职员　　　　　　　　　　　　　　　　　（137）

　　一、课文　（一）你家有几口人

　　　　　　　（二）你们公司有多少职员

　　二、生词

　　三、注释　（一）我只有两个弟弟。

　　　　　　　（二）一百多个

　　　　　　　（三）不都是外国职员

　　四、语法　（一）"有"字句

　　　　　　　（二）称数法

　　　　　　　（三）询问数量："几"和"多少"

　　　　　　　（四）数量词组："数＋量＋名"

　　五、语音

　　六、练习

词汇表　　　　　　　　　　　　　　　　　　　　　　　　　　　　（152）

Lesson 1

Dì yī kè	Nǐ hǎo
第 一 课	你 好

一 课文 Kèwén ● Text

A: 你 好! *Hello.*
   Nǐ hǎo!

B: 你 好! *Hello.*
   Nǐ hǎo!

二 生词 Shēngcí ● New Words

1. 你　　（代）　　nǐ　　　　you (singular)
2. 好　　（形）　　hǎo　　　good; fine
   你好　　　　　　nǐ hǎo　　Hello! ~~How are you?~~
3. 一　　（数）　　yī　　　　one
4. 五　　（数）　　wǔ　　　　five
5. 八　　（数）　　bā　　　　eight
6. 大　　（形）　　dà　　　　big
7. 不　　（副）　　bù　　　　not

· 1 ·

8. 口	（名、量）	kǒu	mouth;（a classifier for family members）
9. 白	（形）	bái	white
10. 女	（形）	nǚ	female; woman
11. 马	（名）	mǎ	horse

三 语音 Yǔyīn Phonetics

（一）声母 Initials

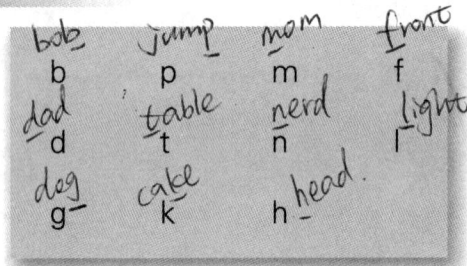

b p m f
d t n l
g k h

（二）韵母 Finals

a o e i u ü

ai ei ao ou

（三）拼音 Initial-final Combinations

	a	o	e	i	u	ü	ai	ei	ao	ou
b	ba	bo		bi	bu		bai	bei	bao	
p	pa	po		pi	pu		pai	pei	pao	pou
m	ma	mo	me	mi	mu		mai	mei	mao	mou
f	fa	fo			fu			fei		fou
d	da		de	di	du		dai	dei	dao	dou
t	ta		te	ti	tu		tai		tao	tou
n	na		ne	ni	nu	nü	nai	nei	nao	nou

	a	o	e	i	u	ü	ai	ei	ao	ou
l	la		le	li	lu	lü	lai	lei	lao	lou
g	ga		ge		gu		gai	gei	gao	gou
k	ka		ke		ku		kai	kei	kao	kou
h	ha		he		hu		hai	hei	hao	hou
				yi	wu	yu				

(四) 声调　Tones

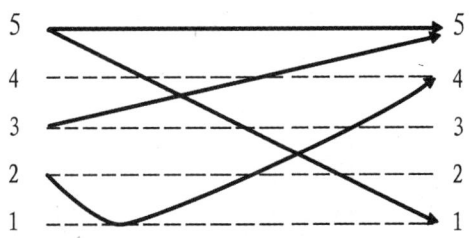

第一声　the 1st tone　55：ā ī ū

第二声　the 2nd tone　35：á í ú

第三声　the 3rd tone　214：ǎ ǐ ǔ

第四声　the 4th tone　51：à ì ù

四　注释 Zhùshì ● Notes

(一) 汉语音节的组成　Formation of Chinese syllables

汉语的音节大多数由声母、韵母和声调组成。例如：bà、mā、hǎo 都是音节。音节开头的辅音叫声母。例如：b、m、h。其余的部分是韵母。例如：à、ā、ǎo。现代汉语普通话有400多个音节。

Most Chinese syllables are formed by a combination of the initials, finals and tones. For example, bà, mā, hǎo. The consonant at the head of a syllable (b, m, h in the above examples) is called the initial. The rest of the syllable is the final (à, ā, ǎo). The contemporary Chinese *putonghua* has over 400 syllables.

(二) 发音要领　Descriptions of articulation

声母 Initials：b p m f d t n l g k h

b ［p］

双唇阻，不送气，清塞音。双唇紧闭，口腔充满气息，猛开双唇，使气流爆发而出，通称"不送气"。声带不振动。

This is an unaspirated voiceless bilabial plosive. Lung air is compressed by the closure of the lips. Then the air escapes with a sudden release of the lip closure, with no vibrations of the vocal cords.

p [pʻ]

双唇阻，送气，清塞音。发音部位和 b 一样，气流用力喷出，通称"送气"。声带不振动。

Aspirated voiceless bilabial plosive. The position of articulation is the same as that of b. The air is released forcibly with a puff, with no vibrations of vocal cords.

m [m]

双唇阻，不送气，鼻音，双唇紧闭，软腭、小舌下垂，气流从鼻腔出来。声带振动。

Unaspirated bilabial nasal. The lips form a closure, and the soft palate and uvula are lowered. The air stream passes through the nasal cavity, with the vibration of vocal cords.

f [f]

唇齿音，清擦音。上齿接触下唇，气流从中间摩擦而出。声带不振动。

Voiceless Labio-dental fricative. The upper teeth make a light contact with the lower lip and the air is released in between with friction, with no vibrations of vocal cords.

d [t]

舌尖阻，不送气，清塞音。舌尖顶上齿龈，口腔充满气息，猛把舌尖移下，使气流爆发而出。声带不振动。

Unaspirated voiceless alveolar plosive. The primary obstacle is formed by a closure made between the tip of the tongue and the upper alveolar ridge. Lung air is compressed behind this closure. and then escapes with force upon release of the alveolar closure, with no vibrations of the cords.

t [t']

舌尖阻，送气，清塞音。发音部位和 d 一样，气流从口腔爆发而出时要送气。声带不振动。

Alveolar voiceless alveolar plosive. Its position and manner of articulation are the same as those of d, but it is aspirated, with no vibrations of vocal cords.

n [n]

舌尖阻，鼻音。舌尖顶上齿龈、软腭，小舌下垂，鼻腔打开，声带振动。

Alveolar nasal. The tongue-tip is pressed against the upper alveolar ridge, the soft palate and uvula are lowered, and the air is let out through the nasal cavity with the vibrations of the vocal cords.

l [l]

舌尖阻，边音。舌尖顶上齿龈，比 n 稍后，气流从舌前部两边出来。声带振动。

Alveolar lateral. The tongue-tip makes a light contact with the upper alveolar ridge, but slightly more to the back than the position for n. The air stream is released from the sides of the tongue. The vocal cords vibrate.

g [k]

舌根音，不送气，清塞音。舌根顶住软腭，猛使舌根离开软腭，使气流爆发而出。声带不振动。

Unaspirated voiceless velar plosive. The back of the tongue is raised to form a closure with the soft palate. Lung air escapes with force upon sudden release of the closure, with no vibrations of vocal cords.

k [kʻ]

舌根阻，送气，清塞音。发音部位和 g 一样，气流从口腔中爆发而出时要送气。声带不振动。

Aspirated voiceless Velar plosive. Its position and mannner of articulation are the same as those of g except that it is aspirated, with no vibrations of vocal cords.

h [x]

舌根阻，清擦音。舌根接近软腭，气流从中间摩擦而出。声带不振动。

Voiceless velar fricative. The back of the tongue is raised towards the soft palate. The air stream is expelled from the lungs, causing some frictions in the vocal tract, with no vibrations of vocal cords.

单韵母 Single finals: a o e i u ü

a [A]

开口度最大，舌位最低，唇不圆。

The mouth is wide open; the tongue is at its lowest; the lips are unrounded.

o [o]

开口度中等，舌位半高、偏后，圆唇。

The opening of the mouth is medium; the tongue position is midhigh, and slightly to the back; the lips are rounded.

e [ɤ]

开口度中等，舌位半高、偏后，唇不圆。

The opening of the mouth is medium; the tongue position mid-high and slightly to the back; and the lips unrounded.

i [i]
开口度最小，唇扁平，舌位高、偏前。
The opening of the mouth is narrow, the lips are spread, and the tongue position high and slightly to the front.

u [u]
开口度最小，唇最圆，舌位高、偏后。
The opening of the mouth is narrow, the lips are fully rounded, and the tongue position high and slightly to the back.

ü [y]
舌位与 i 相同，但要圆唇，口形与发 u 相近。
The tongue position is identical to that of i, and the lips are rounded to a degree similar to u.

复韵母 Compound finals: ai ei ao ou

ai[ai]　　ei[ei]　　ao[ɑo]　　ou[ou]

复合韵母 ai 中的 a 受后面的 i 的影响，读作 [a]，舌位比 [A] 偏前，其它与 [A] 相同。
Influenced by the i behind it, the a in the compound final ai is pronounced as [a]. The tongue position is a little more to the forward than [A]. The other traits of this sound are the same as [A].

ei 中的 e 读作 [e]。
The e in ei is pronounced as [e].

ao 中的 a 受后面的 o 的影响，读作 [ɑ]。

Influenced by the o behind it, the a in ao is pronounced as [ɑ].

(三) 书写规则   Rules of writing the transcription

i、u、ü 都可自成音节。自成音节时分别写成 yi、wu、yu。

I, u, and ü may form independent syllables. In writing they are respectively yi, wu and yu.

(四) 声调   Tones

汉语普通话有四个基本声调，分别用声调符号：-（第一声）、ˊ（第二声）、ˇ（第三声）、ˋ（第四声）。声调不同，表达的意义不同。例如：

The Chinese *putonghua* has four basic tones. They are shown by the tone-marks: -（the 1st tone），ˊ（the 2nd tone），ˇ（the 3rd tone），ˋ（the 4th tone）. Different tones may express different meanings, e. g.

| bā | bá | bǎ | bà |
| eight | pull | target | dad |

| mā | má | mǎ | mà |
| mum | numb | horse | scold |

| yī | yí | yǐ | yì |
| one | move | chair | a hundred million |

bā	bá	bǎ	bà
八	拔	靶	爸
eight	to pull	target	dad

声调符号要标在主要元音上。元音 i 上有调号时，要去掉 i 的点。如：nǐ、bǐ。一个音节的韵母有两个或两个以上的元音时，声调符号要标在开口度最大的元音上，如：hǎo、mèi、lóu。

Tone-marks should be placed on the main vowels. When the vowel i carries a tone-indicator, the dot on i is removed, e.g. nǐ, bǐ. If there are two or more than two vowels in a syllable, the tone-mark is placed on the one which requires a bigger (or the biggest) opening of the mouth, e.g. hǎo, mèi, lóu.

(五) 变调 Modulations of tones

两个第三声音节连读时，前一个要读成第二声。例如：

When a 3rd tone is immediately followed by another 3rd tone, the former is pronounced as the 2nd tone, e.g.

nǐ hǎo → ní hǎo

(六) 音节和汉字 Syllables and Chinese characters

汉字是汉语的书写符号。每个音节可以写成一个或若干个汉字。例如：

The characters are the written symbols of the Chinese language. Every syllable can be written into one or several characters, e.g.

bā	bá	bǎ	bà
八	拔	靶	爸
mā	má	mǎ	mà
妈	麻	马	骂
yī	yí	yǐ	yì
一	移	椅	亿

五 练习 Liànxí Exercises

1 声调 Tones

yī	yí	yǐ	yì — yī	一
wū	wú	wǔ	wù — wǔ	五
yū	yú	yǔ	yù — yú	于
bā	bá	bǎ	bà — bā	八
dā	dá	dǎ	dà — dà	大
bū	bú	bǔ	bù — bù	不
nǖ	nǘ	nǚ	nǜ — nǚ	女
kōu	kóu	kǒu	kòu — kǒu	口
bāi	bái	bǎi	bài — bái	白
hēi	héi	hěi	hèi — hēi	黑
mā	má	mǎ	mà — mǎ	马
nī	ní	nǐ	nì — nǐ	你
hāo	háo	hǎo	hào — hǎo	好

2 变调 Modulations of tones

nǐ hǎo   měihǎo   wǔ bǎi   Běihǎi
gěi nǐ   yǔfǎ   kěyǐ   fǔdǎo

3 辨音 Pronunciation exercises

(1) 辨别声母 Identify the initials

ba	pa	da	ta	ga	ka
bu	pu	du	tu	gu	ku
bai	pai	dai	tai	gai	kai
bao	pao	dou	tou	gao	kao

(2) 辨别韵母　Identify the finals

ba	bo	he	fo
pa	po	ne	mo
ma	mo	de	bo
fa	fo	ke	po

bai	bei	pao	pou
mai	mei	hao	hou
gai	gei	kao	kou
hai	hei	gao	gou

(3) 辨音辨调　Pronunciations and tones

bā	pà	dà	tā	hé	fó	gē	kè
bǐ	pí	dé	tè	hòu	fǒu	gū	kǔ
bù	pù	dì	tì	hēi	fēi	gǎi	kǎi
bái	pái	dú	tú	hù	fù	gěi	děi
běi	péi	dài	tài	hā	fā	gǒu	kǒu

4 认读　Read and learn

yī hào	bā hào	nǐ hǎo	bù hǎo
dà mǎ	bái mǎ	dìtú	yìtú
dàitóu	tái tóu	dà lóu	tǎlóu
kèfú	kèkǔ	dà yú	dà yǔ
yǔfǎ	lǐ fà	měihǎo	méi lái

一　五　八　不　口　白　马　大　女　你　好

5 写汉字 Learn to write

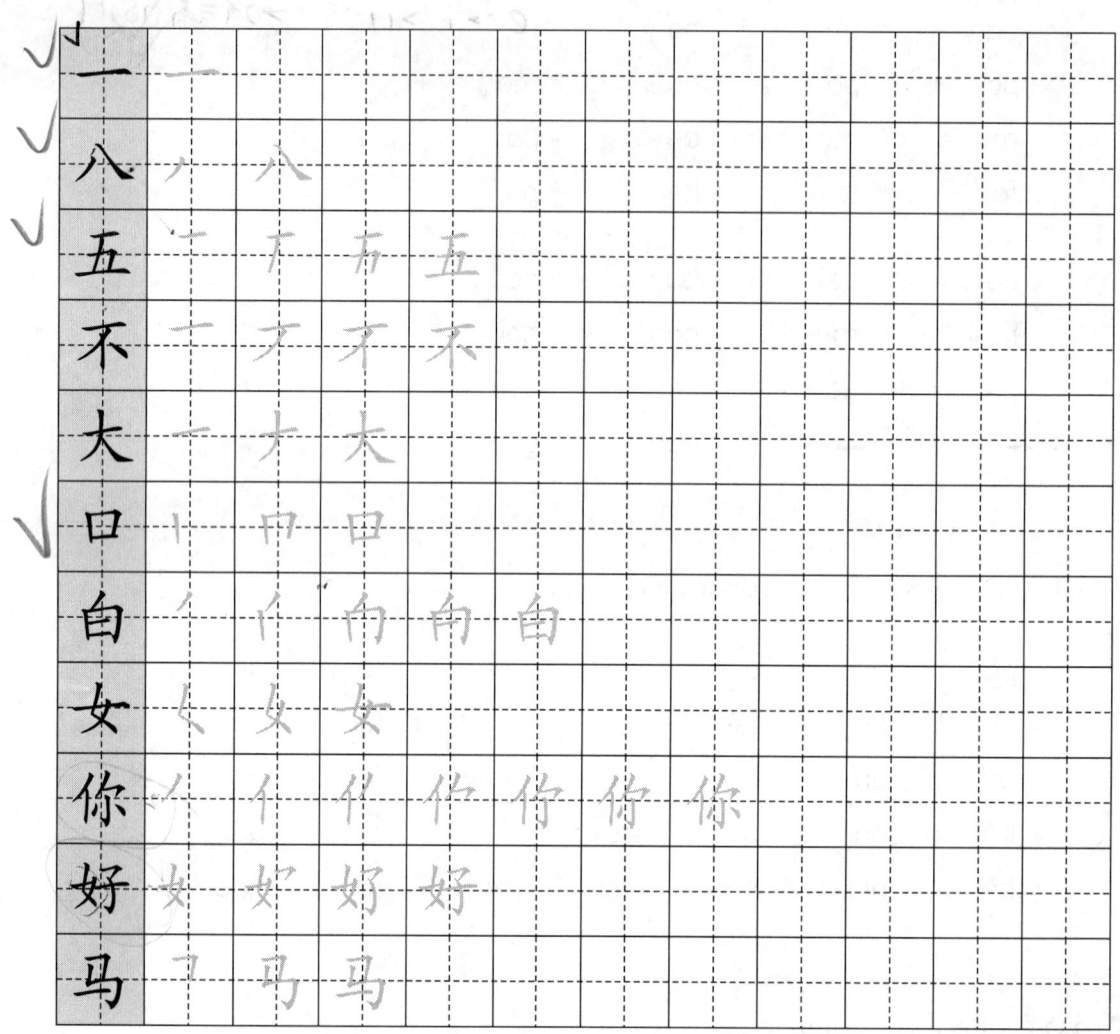

Lesson 2

Dì èr kè 第二课	Hànyǔ bú tài nán 汉语不太难

一 课文 Kèwén ● Text

A：你 忙 吗？
　　Nǐ máng ma?

B：很 忙。
　　Hěn máng.

　　..........

A：汉语 难 吗？
　　Hànyǔ nán ma?

B：不 太 难。
　　Bú tài nán.

二 生词 Shēngcí ● New Words

1. 忙	（形）	máng	busy
2. 吗	（助）	ma	(a particle used at the end of a question)
3. 很	（副）	hěn	very
4. 汉语	（名）	Hànyǔ	Chinese；Chinese language
5. 难	（形）	nán	hard；difficult

· 13 ·

6. 太	（副）	tài	excessively；too；over
7. 爸爸	（名）	bàba	dad
8. 妈妈	（名）	māma	mum
9. 他	（代）	tā	he；him
10. 她	（代）	tā	she；her
11. 男	（形）	nán	male
12. 哥哥	（名）	gēge	elder brother
13. 弟弟	（名）	dìdi	younger brother
14. 妹妹	（名）	mèimei	younger sister

三 语音 Yǔyīn ● Phonetics

（一）韵母　Finals

| an | en | ang | eng | ong |

（二）拼音　Initial-final Combinations

	an	en	ang	eng	ong
b	ban	ben	bang	beng	
p	pan	pen	pang	peng	
m	man	men	mang	meng	
f	fan	fen	fang	feng	
d	dan	den	dang	deng	dong
t	tan		tang	teng	tong
n	nan	nen	nang	neng	nong
l	lan		lang	leng	long
g	gan	gen	gang	geng	gong
k	kan	ken	kang	keng	kong
h	han	hen	hang	heng	hong

四 注释 Zhùshì ● Notes

(一) 发音要领 Descriptions of articulation

an[an]　　en[ən]　　ang[ɑŋ]　　eng[əŋ]　　ong[uŋ]

an 中的 a 读作 [a]，ang 中的 a 读作 [ɑ]。

a in an is pronounced as [a], and a in ang is pronounced as [ɑ].

en、eng 中的 e 读作 [ə]。

e in en and eng is pronounced as [ə].

ong 中的 o 读作 [u]。

o in ong is pronounced as [u].

(二) 轻声 The neutral tone

汉语中有些音节不带声调（不管它们所代表的汉字是第几声），念得很轻，很短。这样的音节，叫轻声。轻声音高受前面一个音节声调的影响而有变化。例如：

Some syllables in Chinese are toneless (disregarding the tones of the characters they represent) and are pronounced light and short. These syllables are called neutralized tones or neutral tones. The pitch of a neutral tone is affected by the tone of the preceding syllable, e. g.

　　māma　　　bái de　　　nǐmen　　　bàba

注意：在拼写中，轻声音节无调号。

Note: In transcription neutral tones do not carry any tone-indicators.

(三) 半三声 The half 3rd tone

第三声音节后边跟一个第一声、第二声、第四声或轻声音节时，读作半三声，即，只读第三声的前半下降部分，不读后半的上升部分，马上接读下面的音节。例如：

A 3rd-tone syllable becomes a half 3rd tone when it is immediately followed by a 1st, 2nd, 4th or neutral tone syllables, i. e. only the first half (the falling part) of

· 15 ·

the tone is articulated, and is immediately followed by the next syllable. For examples:

    yǔyī   hěn máng   wǔfàn   hǎo ma

五 练习 Liànxí ● Exercises

❶ 声调　Tones

tā	tá	tǎ	tà	—— tā	他　她
māng	máng	mǎng	màng	—— máng	忙
hēn	hén	hěn	hèn	—— hěn	很
nān	nán	nǎn	nàn	—— nán	难
hān	hán	hǎn	hàn	—— Hànyǔ	汉语
bā	bá	bǎ	bà	—— bàba	爸爸
mā	má	mǎ	mà	—— māma	妈妈
gē	gé	gě	gè	—— gēge	哥哥
mēi	méi	měi	mèi	—— mèimei	妹妹
dī	dí	dǐ	dì	—— dìdi	弟弟

❷ 轻声　The neutral tone

māma	gēge	tā de	tāmen
hóng de	máng ma	lái ma	bái de
nǎinai	hǎo ma	bǎo le	pǎo le
dìdi	mèimei	lèi ma	lèi le

❸ 半三声　The half 3rd tone

hěn gāo	hěn nán	hěn dà	hǎo ba
nǐ hē	nǐ lái	mǐfàn	hǎo le
běn bān	běnlái	hěn bàng	hěn pàng

4 辨音辨调　Pronunciations and tones

bàngōng　　bàn kōng　　dòng hóng　　tōnghóng

hěn nán　　hěn lán　　hán lěng　　kěnéng

hěn máng　　hěn màn　　nánfāng　　nán fáng

5 认读　Read and learn

(1) 爸爸　　妈妈　　好吗　　忙吗　　大吗

　　难吗　　很好　　很忙　　很大　　很难

(2) A：你好吗？

　　B：很好！

(3) A：你忙吗？

　　B：很忙。

(4) A：汉语难吗？

　　B：汉语不难。

6 回答问题　Answer the questions

(1) Nǐ máng ma? _____.

(2) Hànyǔ nán ma? _____.

(3) Nǐ bàba hǎo ma? _____.

(4) Tā máng ma? _____.

7 完成会话　Complete the dialogues

(1) A：_____!

　　B：Nǐ hǎo!

(2) A: _____?

　　B: Hěn máng.

(3) A: _____?

　　B: Hànyǔ bù nán.

8 写汉字　Learn to write

太	一	ナ	大	太					
汉	丶	冫	氵	汊	汉				
语	丶	讠	讠	讦	诬	语	语		
吗	口	吗	吗	吗					
妈	女	妈	妈	妈					
爸	丶	八	父	父	爷	爷	爸	爸	
很	丶	彳	彳	彳	徂	徂	很	很	
忙	丶	丬	忄	忙	忙				
他	丿	亻	仂	仲	他				
她	女	如	如	她					
难	乛	又	刃	邓	邓	邓	难	难	难

Lesson 3

Dì sān kè	Míngtiān jiàn
第三课	明天见

一 课文 Kèwén ● Text

（一）学汉语

A：你 学 英语 吗？
　　Nǐ xué Yīngyǔ ma?

B：不，学 汉语。
　　Bù, xué Hànyǔ.

A：去 北京 吗？
　　Qù Běijīng ma?

B：对。
　　Duì.

（二）明天见

A：你 去 邮局 寄信 吗？
　　Nǐ qù yóujú jì xìn ma?

B：不去。去 银行 取 钱。
　　Bú qù. Qù yínháng qǔ qián.

A：明天 见！
　　Míngtiān jiàn!

B：明天 见！
　　Míngtiān jiàn!

二 生词 Shēngcí ● New Words

1.	学	（动）	xué	to learn; to study
2.	英语	（名）	Yīngyǔ	English (language)
	阿拉伯语	（名）	Ālābóyǔ	Arabic (language)
	德语	（名）	Déyǔ	German (language)
	俄语	（名）	Éyǔ	Russian (language)
	法语	（名）	Fǎyǔ	French (language)
	韩国语	（名）	Hánguóyǔ	Korea (language)
	日语	（名）	Rìyǔ	Japanese (language)
	西班牙语	（名）	Xībānyáyǔ	Spanish (language)
3.	对	（形）	duì	right; OK; correct; true
4.	明天	（名）	míngtiān	tomorrow
5.	见	（动）	jiàn	to see
6.	去	（动）	qù	to go
7.	邮局	（名）	yóujú	post office
8.	寄	（动）	jì	to post; to mail; to send by mail
9.	信	（名）	xìn	letter; mail
10.	银行	（名）	yínháng	bank
11.	取	（动）	qǔ	to draw
12.	钱	（名）	qián	money

13. 六	（数）	liù	six
14. 七	（数）	qī	seven
15. 九	（数）	jiǔ	nine

专名　Zhuānmíng　**Proper Name**

北京　　　　　Běijīng　　　　Beijing，capital of China

三 语音 Yǔyīn Phonetics

（一）声母 Initials

j　q　x

（二）韵母 Finals

ia　ie　iao　iu(iou)　ian　in　iang　ing
ü　üe　üan　ün　iong

（三）拼音 Initial-final Combinations

	i	ia	ie	iao	iu	ian	in	iang	ing	iong
j	ji	jia	jie	jiao	jiu	jian	jin	jiang	jing	jiong
q	qi	qia	qie	qiao	qiu	qian	qin	qiang	qing	qiong
x	xi	xia	xie	xiao	xiu	xian	xin	xiang	xing	xiong
b	bi		bie	biao		bian	bin		bing	
p	pi		pie	piao		pian	pin		ping	
m	mi		mie	miao		mian	min		ming	
d	di		die	diao	diu	dian			ding	
t	ti		tie	tiao		tian			ting	
n	ni		nie	niao	niu	nian	nin	niang	ning	
l	li	lia	lie	liao	liu	lian	lin	liang	ling	
	yi	ya	ye	yao	you	yan	yin	yang	ying	yong

	ü	üe	üan	ün
n	nü	nüe		
l	lü	lüe		
j	ju	jue	juan	jun
q	qu	que	quan	qun
x	xu	xue	xuan	xun
	yu	yue	yuan	yun

四 注释 Zhùshì ● Notes

(一) 发音要领　Descriptions of articulation

声母　Initials

j [tɕ]

舌面阻，不送气，清塞擦音。舌面前部贴硬腭，舌尖顶下齿背，气流从舌面前部与硬腭之间爆发摩擦而出。声带不振动。

Unaspirated voiceless palatal affricate. The front part of the tongue is raised to palate. The tongue-tip is pressed against the back of the lower teeth. The air is squeezed out through the passage between the front of the tongue and the hard palate, with no vibrations of vocal cords.

q [tɕ']

舌面阻，送气，清塞擦音。发音部位与 j 一样，要尽量送气。

Aspirated voiceless palatal affricate. Its position is the same as that of j, but it requires strong aspiration.

x [ɕ]

舌面阻，清擦音。舌面前部与硬腭相近，气流从舌面前部与硬腭间摩擦而出。声带不振动。

Voiceless palatal fricative. The front of the tongue is raised to a position near the hard palate. The air stream is released in between with friction. The vocal cords do not vibrate.

韵母 Finals

ia [iᴀ]	ie [iɛ]	iao [iau]	iu [iəu]
ian [iɛn]	in [in]	iang [iaŋ]	ing [iŋ]
ü [y]	üe [yɛ]	üan [yɛn]	ün [yn]
iong [yŋ]			

(二) 书写规则 Rules of writing the transcription

以 i 开头的音节，i 要写成 y。

i at the beginning of syllable is written as y.

ia — ya	ie — ye	iao — yao
iou — you	ian — yan	in — yin
iang — yang	ing — ying	iong — yong

以 ü 开头的音节，音节开头要加上 y，ü 上面的两点要去掉。

y is added before the syllable beginning with ü, and ü is removed of the two dots at the the top.

üe — yue   üan — yuan   ün — yun

ü、üe、üan、ün 和 j、q、x 相拼时，ü 上面的两点要去掉，写成：

When ü, üe, üan and ün are spelled together with j, q and x, they are removed of the two dots at the top and written as：

ju	jue	juan	jun
qu	que	quan	qun
xu	xue	xuan	xun

ü 与 n、l 相拼时，仍写成 ü。例如：

ü remains unchanged when spelled with n and l, e. g.

lǔ, nǚ

iou 前面加声母时要写成 iu，例如：

iou is written as iu if an initial is added, e. g.

  liù

(三)"不"的变调　　The modulation of "不"

"不"的本调是第四声，但在另一个第四声音节前边时，变为第二声。例如：
The basic tone for "不" is the 4th tone. It changes to the 2nd when it is immediately followed by another 4th tone syllable：

| bù hē | bù nán | bù hǎo | bú qù |
| bù gāo | bù lái | bù xiǎo | bú xiè |

五 练习 Liànxí ● Exercises

1 声调　Tones

xuē	xué	xuě	xuè — xué	学
qū	qú	qǔ	qù — qù	去
jū	jú	jǔ	jù — jú	局
qū	qú	qǔ	qù — qǔ	取
qiān	qián	qiǎn	qiàn — qián	钱
liū	liú	liǔ	liù — liù	六
qī	qí	qǐ	qì — qī	七
jiū	jiú	jiǔ	jiù — jiǔ	九
mīng	míng	mǐng	mìng — míng	明
tiān	tián	tiǎn	tiàn — tiān	天
jiān	jián	jiǎn	jiàn — jiàn	见

2 "不"的变调　Modulations of "不"

| bù hē | bù máng | bù hǎo | bú yào |
| bù tīng | bù xué | bù dǒng | bú kàn |

bù bān	bù tián	bù jiǎng	bú niàn
bù xīn	bù xíng	bù qǐng	bú jìn

3 辨音辨调　Pronunciations and tones

jī	qī	xī	jū	qū	xū
jiān	qiān	xiān	jiāng	qiāng	xiāng
jīn	qīn	xīn	jīng	qīng	xīng

jiàn	juàn	qián	quán	xiǎn	xuǎn
jīn	jūn	qín	qún	xīn	xūn
jí	jú	qǐ	qǔ	xī	xū

jiā	xià	qīng	xīng	jiǎng	qiáng
jiào	xiào	qiú	xiū	jiè	qiè
jiě	xiě	qiáo	xiǎo	jǐng	qǐng

jīqì	jǔqí	xiūxi	xiūlǐ
jǔxíng	jùxíng	xūyào	xīyào
nǔlì	lǚlì	qǔ qián	tíqián

jīntiān	míngtiān	jīnnián	míngnián
dōngbiān	xībiān	qiánbiān	hòubiān
quánxiàn	quánmiàn	xīnxiān	xīnnián

4 认读　Read and learn

(1)　对　　　　取　　　　钱　　　　去

　　银行　　邮局　　明天　　英语

　　去邮局　　去银行　　去取钱　　去寄信

　　学英语　　学汉语　　去北京　　明天见

(2) A：你学英语吗?

　　B：不，学汉语。

　　A：去北京吗?

　　B：对!

(3) A：你去邮局吗?

　　B：不去，去银行取钱。

　　A：明天见!

　　B：明天见!

5 完成会话　Complete the dialogues

(1) A：Nǐ xué Yīngyǔ ma?

　　B：Bù, _____.

　　A：Qù Běijīng ma?

　　B：_____!

(2) A：_____?

　　B：Bù, xué Hànyǔ.

　　A：_____?

　　B：Duì.

(3) A：Nǐ qù yóujú ma?

　　B：_____, qù _____.

　　B：_____!

　　A：Míngtiān jiàn!

(4) A：_____?

　　B：Bú qù. Qù yínháng.

　　A：Míngtiān jiàn!

　　B：_____!

6 写汉字 Learn to write

| 六 |
| 七 |
| 九 |
| 学 |
| 去 |
| 北 |
| 京 |
| 对 |
| 明 |
| 天 |
| 见 |
| 银 |
| 行 |

Lesson 4

Dì sì kè	Nǐ qù nǎr
第四课	你去哪儿

一 课文 Kèwén ● Text

（一）你去哪儿

A：今天 星期 几？
　　Jīntiān xīngqī jǐ?

B：今天 星期二（一、三、四、五、六、天）。
　　Jīntiān xīngqī'èr (yī、sān、sì、wǔ、liù、tiān).

A：你 去 哪儿？
　　Nǐ qù nǎr?

B：我 去 天安门，你 去 不 去？
　　Wǒ qù Tiān'ānmén, nǐ qù bu qù?

A：不去，我 回 学校。
　　Bú qù, wǒ huí xuéxiào.

B：再见！
　　Zàijiàn!

A：再见！
　　Zàijiàn!

(二) 对不起

A: 对不起!
　　Duìbuqǐ!

B: 没 关系!
　　Méi guānxi!

没关系!

对不起!

二　生词 Shēngcí　New Words

1.	今天	（名）	jīntiān	today
	天	（名）	tiān	day
	昨天	（名）	zuótiān	yesterday
2.	星期	（名）	xīngqī	week
	星期一	（名）	xīngqīyī	Monday
	星期二	（名）	xīngqī'èr	Tuesday
	星期三	（名）	xīngqīsān	Wednesday
	星期四	（名）	xīngqīsì	Thursday
	星期五	（名）	xīngqīwǔ	Friday
	星期六	（名）	xīngqīliù	Saturday
	星期天	（名）	xīngqītiān	Sunday
3.	几	（代）	jǐ	how many; what; several
4.	二	（数）	èr	two

5.	三	（数）	sān	three
6.	四	（数）	sì	four
7.	哪儿	（代）	nǎr	where
8.	那儿	（代）	nàr	there
9.	我	（代）	wǒ	I; me
10.	回	（动）	huí	to go back (to)
11.	学校	（名）	xuéxiào	school
12.	再见	（动）	zàijiàn	goodbye
13.	对不起		duì bu qǐ	I'm sorry; sorry; excuse me
14.	没关系		méi guānxi	doesn't matter; don't mind; that's all right

专名 Zhuānmíng **Proper Name**

天安门　　　　Tiān'ānmén　　　　Tian'anmen (name of a square)

三 语音 Yǔyīn　Phonetics

(一) 声母 Initials

z　　c　　s

(二) 韵母 Finals

-i [ʅ]　er　ua　uo　uai　ui(uei)　uan　un(uen)　uang　ueng

(三) 拼音 Initial-final Combinations

	a	e	-i [ʅ]	ai	ei	ao	ou	an	en	ang	eng	ong
z	za	ze	zi	zai	zei	zao	zou	zan	zen	zang	zeng	zong
c	ca	ce	zi	cai		cao	cou	can	cen	cang	ceng	cong
s	sa	se	si	sai		sao	sou	san	sen	sang	seng	song

	u	uo	ui(uei)	uan	un(uen)
z	zu	zuo	zui	zuan	zun
c	cu	cuo	cui	cuan	cun
s	su	suo	sui	suan	cun

	ua	uo	uai	ui(uei)	uan	un(uen)	uang
d		duo		dui	duan	dun	
t		tuo		tui	tuan	tun	
n		nuo			nuan		
l		luo			luan	lun	
g	gua	guo	guai	gui	guan	gun	guang
k	kua	kuo	kuai	kui	kuan	kun	kuang
h	hua	huo	huai	hui	huan	hun	huang
	wa	wo	wai	wei	wan	wen	wang

四 注释 Zhùshì ● Notes

(一) 发音要领 Descriptions of articulation

声母 Intials

z [ts]

舌尖前阻，不送气，清塞擦音。发音时舌尖平伸，顶上齿背。然后舌尖移开些，让气流从口腔中所留的空隙间摩擦出来。声带不振动。

Unaspirated voiceless frontal-alveolar affricate. First the front part of the tongue is spread and is pressed against the upper alveolar ridge; then the tongue-tip moves apart to let out the air stream through the narrow passage. The vocal cords do not vibrate.

c [ts']

舌尖前阻，送气，清塞擦音。发音部位和 z 一样，要尽量送气。

Aspirated voiceless frontal-alveolar affricate. The position of articulation is the same as that of z, but it requires strong aspiration.

s [ʂ]

舌尖前阻，清擦音，舌尖接近下齿背，气流从舌面中缝跟上齿中间摩擦出。

Aspirated frontal-alveolar affricate. The tip of the tongue makes a light contact with the back of lower teeth. The air stream is squeezed out between the mid-part of the tongue and the upper teeth.

韵母　Finals

-i [ɿ]　　　　　　er [ɚ]
ua [uA]　　　uo [uo]　　　uai [uai]　　　ui [uei]
uan [uan]　　un [uən]　　uang [uaŋ]　　ueng [uəŋ]

（二）韵母 -i [ɿ]　The final -i [ɿ]

zi、ci、si 的韵母是舌尖前音 [ɿ]，用字母 i 表示。因为汉语普通话中 [i] 不出现在 z、c、s 之后，所以 zi、ci、si 中的韵母 i 一定不能读成 [i]。

The final -i in zi, ci and si is the frontal-alveolar [ɿ]. It is represented by the letter i. Since [i] never appears immediately after z, c or s in Chinese *putonghua*, the final -i cannot be pronounced as [i].

（三）er 和儿化韵　er and the retroflex final

1. 卷舌韵母　Retroflex finals

发 er 时，先把舌位放至发 e 的位置，然后将舌尖轻轻上翘的同时发音。

First put the tongue in the position for e, then when pronoucing er, slightly curl up the tongue-tip. Try to pronouce the following：

　　　　értóng　　　　　children
　　　　érzi　　　　　　son
　　　　ěrjī　　　　　　earphone
　　　　èrbǎi　　　　　two hundred

2. er 与其他的韵母结合成一个儿化韵母。儿化韵的写法是在原韵母之后加 r，汉字写法是在原汉字之后写个"儿"字（有时也可省略不写）。例如：

er forms a retroflex-syllable in combination with other finals. In transcription it is shown by adding a r to the original final. In written language it is represented by a "儿" following the original character (sometimes it can be omitted), e. g.

  huàr（画儿） nǎr（哪儿） wánr（玩儿）
  picture   where   play

（四）书写规则　Rules of writing the transcription

以 u 开头的音节，u 要写成 w。

u at the beginning of syllable is written as w.

ua	— wa	uo	— wo	uai	— wai	uei	— wei
uan	— wan	uen	— wen	uang	— wang		

（五）隔音符号　Dividing-mark

a, o, e 开头的音节连接在其他音节后面的时候，如果音节的界限发生混淆，用隔音符号（'）隔开。例如：

When a syllable beginning with a, o or e follows another syllable, it is desirable to use a dividing-mark (') to clarify the boundary between the two syllables, e. g.

  Tiān'ānmén（天安门）

五　练习 Liànxí　Exercises

1 声调　Tones

ēr	ér	ěr	èr	—— ér èr	儿、二
sān	sán	sǎn	sàn	—— sān	三
sī	sí	sǐ	sì	—— sì	四
nā	ná	nǎ	nà	—— nàr nǎr	那儿、哪儿
huī	huí	huǐ	huì	—— huí	回

xuē	xué	xuě	xuè	——	xué	学校
xiāo	xiáo	xiǎo	xiào	——	xiào	
zī	zí	zǐ	zì	——	zǐ、zì	子、字
xī	xí	xǐ	xì	——	xì	系

❷ er 和儿化韵 er and the retroflexed finals

értóng	érzi	ěrjī	ěrduo	èr bǎi
qù nǎr	qù nàr	huà huàr	yíxiàr	hǎowánr

❸ 辨音辨调 Pronunciations and tones

zá	cā	sā	zé	cè	sè
zì	cí	sì	zú	cū	sū
zǎn	cān	sān	zāng	cāng	sāng
zěn	cēn	sēn	zēng	céng	sēng

zìdiǎn	cídiǎn	sì diǎn	sì tiān
zàijiàn	cǎidiàn	xiànzài	bǐsài
zǔguó	cùjìn	cǎisè	cāicè
sùdù	dìtú	zájì	cáinéng

cūnzi	sūnzi	sòngxíng	sòng xìn
zuótiān	cuòwù	suǒyǐ	zuòyè
cānjiā	zēngjiā	sànbù	yǔsǎn
zuìhòu	suíhòu	dǎsǎo	bá cǎo

❹ 认读 Read and learn

(1)
今天	明天	昨天	再见
去哪儿	去那儿	去银行	去邮局
去	去天安门	对不起	没关系
星期一	星期二	星期三	星期四
星期五	星期六	星期天	星期几

（2）A：你去哪儿？

　　B：回学校，你回不回？

　　A：不回。我去天安门。

　　B：再见！

　　A：再见！

（3）A：对不起！

　　B：没关系！

5 完成会话　Complete the dialogues

（1）A：Nǐ qù nǎr?

　　B：＿＿＿＿＿＿＿＿＿＿＿＿＿＿, nǐ qù bu qù?

　　A：Bú qù, wǒ huí xuéxiào.

　　B：＿＿＿＿＿＿＿＿＿＿＿＿＿＿．

　　A：Zàijiàn!

（2）A：Nǐ ＿＿＿＿＿＿＿＿＿＿＿＿＿＿＿？

　　B：Qù Tiān'ānmén, nǐ qù bu qù?

　　A：＿＿＿＿＿＿，＿＿＿＿＿＿．

　　B：Zàijiàn!

　　A：＿＿＿＿＿＿＿＿＿＿＿＿＿＿！

（3）A：Duì bu qǐ.

　　B：＿＿＿＿＿＿＿＿＿＿＿＿＿＿！

6 课堂用语　Classroom Chinese

（1）A：Wǒ wèn, nǐmen huídá, hǎo ma?

　　B：Hǎo!

(2) A：Duì bu duì?
　　B：Duì le.

(3) A：Dǒng le ma?
　　B：Dǒng le.

7 写汉字　Learn to write

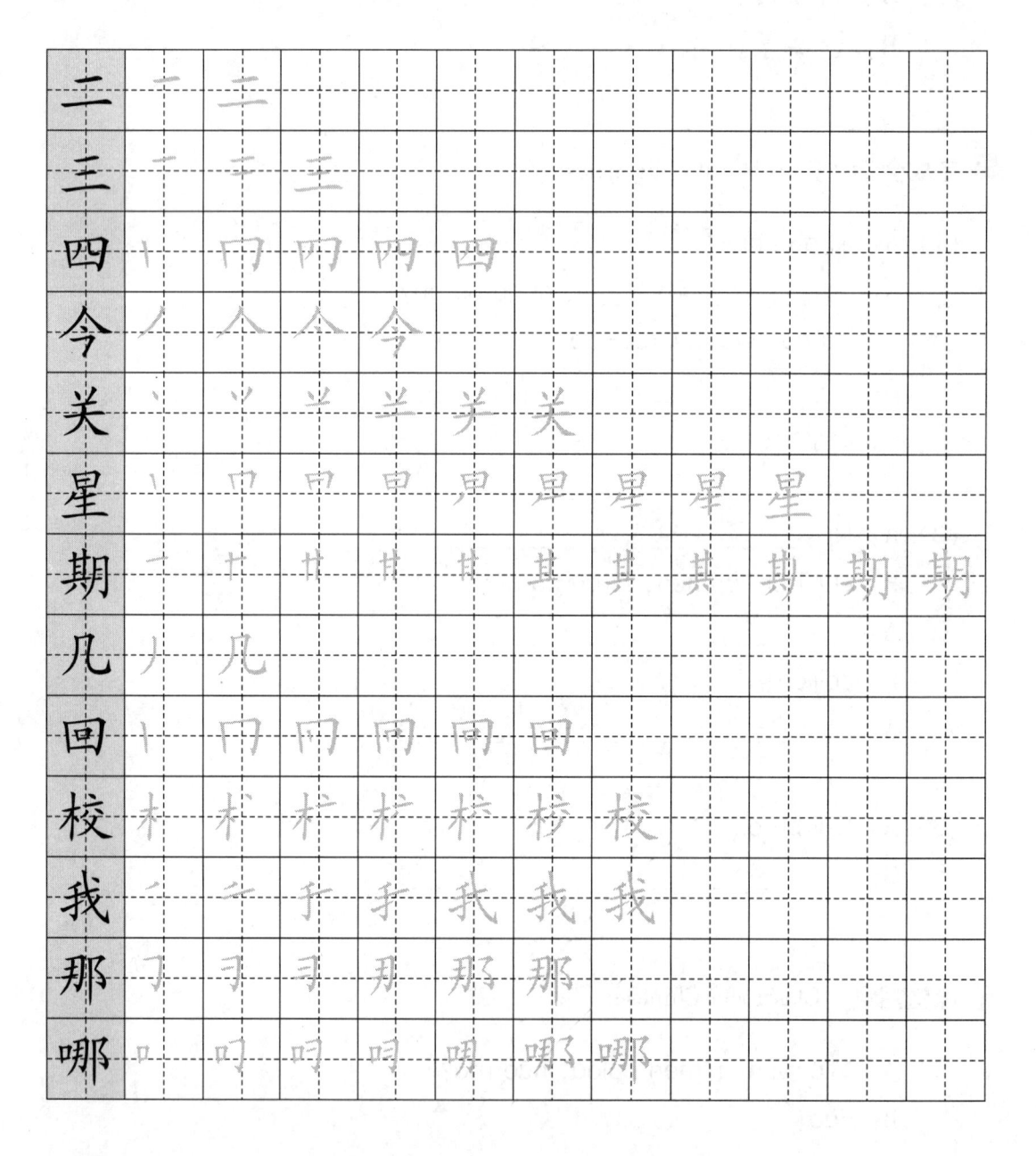

二	二
三	三
四	四
今	今
关	关
星	星
期	期
几	几
回	回
校	校
我	我
那	那
哪	哪

Lesson 5

| Dì wǔ kè 第五课 | Zhè shì Wáng lǎoshī 这是王老师 |

一 课文 Kèwén ● Text

A：这是 王 老师，这是我 爸爸。
　　Zhè shì Wáng lǎoshī, zhè shì wǒ bàba.

B：王 老师，您 好！
　　Wáng lǎoshī, nín hǎo!

C：您 好！请 进！请 坐！请 喝 茶！
　　Nín hǎo! Qǐng jìn! Qǐng zuò! Qǐng hē chá!

B：谢谢！
　　Xièxie!

C：不 客气！
　　Bú kèqi!
　　............

C：工作 忙 吗？
　　Gōngzuò máng ma?

B：不 太 忙。
　　Bú tài máng.

C：身 体 好 吗？
　　Shēntǐ hǎo ma?

B：很 好！
　　Hěn hǎo!

二 生词 Shēngcí ● New Words

1.	这	（代）	zhè	this
2.	是	（动）	shì	to be (am, are, is, etc.)
3.	老师	（名）	lǎoshī	teacher
4.	您	（代）	nín	(honorific) you
5.	请	（动）	qǐng	please
6.	进	（动）	jìn	to enter; to come in
7.	坐	（动）	zuò	to sit
8.	喝	（动）	hē	to drink
9.	茶	（名）	chá	tea
10.	谢谢	（动）	xièxie	to thank
11.	不客气		bú kèqi	You're welcome.
12.	客气	（形）	kèqi	polite; courteous
13.	工作	（名、动）	gōngzuò	work; to work
14.	身体	（名）	shēntǐ	health; body
15.	十	（数）	shí	ten
16.	日	（名）	rì	sun; day

专名　Zhuānmíng　**Proper Name**

　　王　　　Wáng　　　Wang (a family name of Chinese)

三 语音 Yǔyīn ● Phonetics

(一) 声母　Initials

zh　ch　sh　r

(二) 韵母　Finals

-i [ʅ]

(三) 拼音　Initial-final Combinations

	a	e	-i [ʅ]	ai	ei	ao	ou
zh	zha	zhe	zhi	zhai	zhei	zhao	zhou
ch	cha	che	chi	chai		chao	chou
sh	sha	she	shi	shai	shei	shao	shou
r		re	ri			rao	rou

	an	en	ang	eng	ong
zh	zhan	zhen	zhang	zheng	zhong
ch	chan	chen	chang	cheng	chong
sh	shan	shen	shang	sheng	
r	ran	ren	rang	reng	rong

	u	ua	uo	uai	uei (ui)	uan	uen (un)	uang
zh	zhu	zhua	zhuo	zhuai	zhui	zhuan	zhun	zhuang
ch	chu	chua	chuo	chuai	chui	chuan	chun	chuang
sh	shu	shua	shuo	shuai	shui	shuan	shun	shuang
r	ru	rua	ruo		rui	ruan	run	

四 注释 Zhùshì ● Notes

(一) 发音要领 Description of articulation

zh [tʂ]

舌尖后阻，不送气，清塞擦音。舌尖上卷顶住硬颚，气流从舌尖与硬颚间爆发摩擦而出，声带不振动。

Unaspirated voiceless post-alveolar affricate. The tip of the tongue is raised to the hard palate to form an obstacle. With a sudden separation of the tongue-tip and the hard palate the air is let out, with no vibrations of vocal cords.

ch [tʂʻ]

舌尖后阻，送气，清塞擦音。发音部位与 zh 一样，但要送气。

Aspirated voiceless post-alveolar affricate. Its position of articulation is the same as that of zh, but is aspirated.

sh [ʂ]

舌尖后阻，清擦音。舌尖上卷，接近硬颚，气流从舌尖与硬颚间摩擦而出。声带不振动。

Voiceless post-alveolar affricate. The tip of the tongue is raised to a position close to the hard palate. The air stream is released with friction between the tongue-tip and the hard palate. The vocal cords do not vibrate.

r [ʐ]

舌尖后阻，浊擦音。发音部位与 sh 一样，但是浊音。声带振动。

Voiced post-alveolar affricate. Its position of articulation is the same as that of sh. But it is voiced, i.e. it requires the vibration of the vocal cords.

(二) 韵母 -i [ʅ]　final -i [ʅ]

zhi、chi、shi、ri 中的韵母是舌尖后元音 [ʅ]，用字母 -i 表示。因为汉语普通话中 [i] 不出现在 zh、ch、sh、r 之后，所以 zhi、chi、shi、ri 中的 i 一定

不要读成 [i]。

The final in zhi, chi, shi and ri is the post-alveolar vowel [ʅ]. It is represented by letter -i. Since [i] never appears immediately after these initials, the i in zhi, chi, shi and ri should not be pronounced as [i].

五 练习 Liànxí ● Exercises

1 声调 Tones

zhē	zhé	zhě	zhè —— zhè	这
shī	shí	shǐ	shì —— shí、shì	十、是
shū	shú	shǔ	shù —— shū	书
zhī	zhí	zhǐ	zhì —— zázhì	杂志
shuī	shuí	shuǐ	shuì —— shuǐ	水
shī	shí	shǐ	shì —— lǎoshī	老师
rēn	rén	rěn	rèn —— rén	人
shēn	shén	shěn	shèn —— shēn	身
zuō	zuó	zuǒ	zuò —— zuò	作、坐

2 辨音辨调 Pronunciations and tones

zhī	chī	shì	rì	zhè	chē	shè	rè
zhàn	chǎn	shān	rán	zhāng	cháng	shàng	ràng
zhēn	chèn	shén	rén	zhèng	chéng	shēng	réng

zá	zhá	cā	chá	sǎ	shǎ
zé	zhé	cè	chè	sè	shè
zì	zhì	cí	chí	sì	shì

sìshí	shísì	xiūxi	xiāoxi
zhīdào	chídào	zhēnchéng	zhēnzhèng
Chángchéng	chángzhǎng	Zhōngwén	chōngfèn

chēzhàn	qīxiàn	chūntiān	qiūtiān
chéngnián	qīngnián	chuán shang	chuáng shang
shīwàng	xīwàng	shāngxīn	xiāngxìn
zhījǐ	shíjī	shènglì	jīnglǐ
shēnghuó	jīngguò	shāngdiàn	jiàn miàn
rènshi	línshí	rénlì	rìlì

3 三声变调　The modulations of the 3rd tone

jiǎndān	hǎi biān	hǎixiān	hǎo chī
biǎoyáng	gǎnjué	jiǎnchá	lǚxíng
yǔfǎ	chǎngzhǎng	biǎoyǎn	kěyǐ
bǐsài	děngdài	biǎoshì	gǎnxiè
nǎinai	ěrduo	yǐzi	sǎngzi

4 认读　Read and learn

(1)　1　2　3　4　5　6　7　8　9　10
　　　一　二　三　四　五　六　七　八　九　十

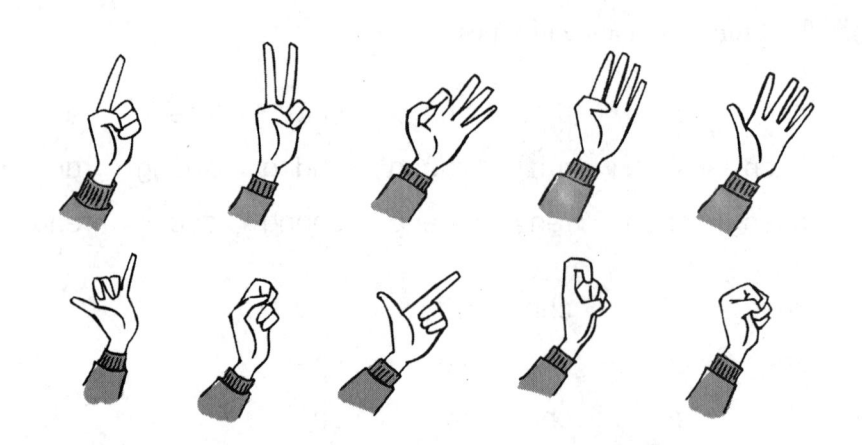

(2)　星期一　　星期二　　星期三　　星期四
　　星期五　　星期六　　星期天　　星期日

(3)　您好　　请进　　请坐　　请喝茶
　　　谢谢　　不客气　　工作忙　　身体好

(4)　A：这是王老师，这是我爸爸。
　　　B：王老师，您好！
　　　C：您好！请进！请坐！请喝茶！
　　　B：谢谢！
　　　C：不客气！
　　　……
　　　C：工作忙吗？
　　　B：不太忙。
　　　C：身体好吗？
　　　B：很好！

5 完成会话　Complete the following dialogues

(1)　A：Zhè shì Wáng lǎoshī, zhè shì wǒ bàba.
　　　B：_____, _____.
　　　C：Nín hǎo! Qǐng jìn! Qǐng zuò! Qǐng hē chá!
　　　B：_____!
　　　C：Bú kèqi!

(2)　A：Gōngzuò máng ma?
　　　B：_____.
　　　A：Shēntǐ hǎo ma?
　　　B：_____!

(3)　A：_____, _____.
　　　B：Wáng lǎoshī, nín hǎo!
　　　C：_____! _____! _____! _____! .

B：Xièxie!

C：_____!

(4) A：_____?

B：Bú tài máng.

A：_____?

B：Hěn hǎo!

6 写汉字 Learn to write

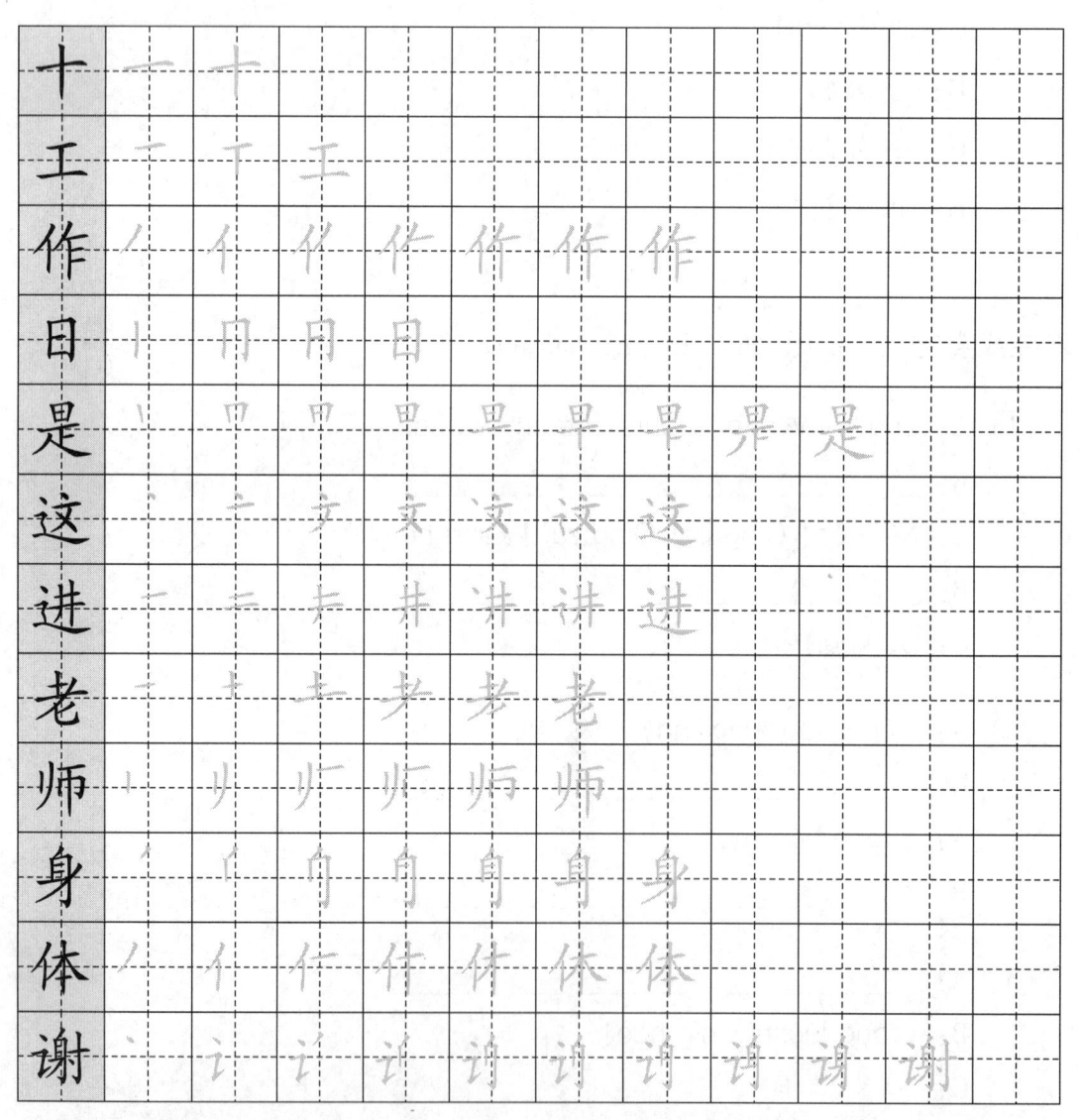

十	一	十									
工	一	丁	工								
作	丿	亻	亻	作	作	作	作				
日	丨	冂	日	日							
是	丨	冂	日	日	早	早	早	是			
这	、	亠	文	这	这	这					
进	二	十	井	讲	讲	进					
老	一	十	耂	耂	老	老					
师	丨	丬	丬	师	师	师					
身	丿	冂	月	月	身	身	身				
体	丿	亻	亻	什	休	体	体				
谢	、	讠	计	讨	诮	诮	谢	谢	谢		

汉语普通话声韵母拼合表 INITIAL FINAL COMBINATIONS IN STANDARD CHINESE COMMON SPEECH

附：

	a	o	e	ê	-i	er	ai	ei	ao	ou	an	en	ang	eng	-ong	-i	-ia	-iao	-ie	-iu	-ian	-in	-iang	-ing	-iong	-u	-ua	-uo	-uai	-ui	-uan	-un	-uang	-ü	-üe	-üan	-ün
	a	o	e	ê		er	ai	ei	ao	ou	an	en	ang	eng																							
b	ba	bo					bai	bei	bao		ban	ben	bang	beng		bi		biao	bie		bian	bin		bing		bu											
p	pa	po					pai	pei	pao	pou	pan	pen	pang	peng		pi		piao	pie		pian	pin		ping		pu											
m	ma	mo	me				mai	mei	mao	mou	man	men	mang	meng		mi		miao	mie	miu	mian	min		ming		mu											
f	fa	fo						fei		fou	fan	fen	fang	feng												fu											
d	da		de				dai	dei	dao	dou	dan	den	dang	deng	dong	di		diao	die	diu	dian			ding		du		duo		dui	duan	dun					
t	ta		te				tai		tao	tou	tan		tang	teng	tong	ti		tiao	tie		tian			ting		tu		tuo		tui	tuan	tun					
n	na		ne				nai	nei	nao	nou	nan	nen	nang	neng	nong	ni		niao	nie	niu	nian	nin	niang	ning		nu		nuo			nuan	nun		nü	nüe		
l	la		le				lai	lei	lao	lou	lan		lang	leng	long	li	lia	liao	lie	liu	lian	lin	liang	ling		lu		luo			luan	lun		lü	lüe		
z	za		ze		zi		zai	zei	zao	zou	zan	zen	zang	zeng	zong											zu		zuo		zui	zuan	zun					
c	ca		ce		ci		cai		cao	cou	can	cen	cang	ceng	cong											cu		cuo		cui	cuan	cun					
s	sa		se		si		sai		sao	sou	san	sen	sang	seng	song											su		suo		sui	suan	sun					
zh	zha		zhe		zhi		zhai	zhei	zhao	zhou	zhan	zhen	zhang	zheng	zhong											zhu	zhua	zhuo	zhuai	zhui	zhuan	zhun	zhuang				
ch	cha		che		chi		chai		chao	chou	chan	chen	chang	cheng	chong											chu	chua	chuo	chuai	chui	chuan	chun	chuang				
sh	sha		she		shi		shai	shei	shao	shou	shan	shen	shang	sheng												shu	shua	shuo	shuai	shui	shuan	shun	shuang				
r			re		ri				rao	rou	ran	ren	rang	reng	rong											ru	rua	ruo		rui	ruan	run					
j																ji	jia	jiao	jie	jiu	jian	jin	jiang	jing	jiong									ju	jue	juan	jun
q																qi	qia	qiao	qie	qiu	qian	qin	qiang	qing	qiong									qu	que	quan	qun
x																xi	xia	xiao	xie	xiu	xian	xin	xiang	xing	xiong									xu	xue	xuan	xun
g	ga		ge				gai	gei	gao	gou	gan	gen	gang	geng	gong											gu	gua	guo	guai	gui	guan	gun	guang				
k	ka		ke				kai	kei	kao	kou	kan	ken	kang	keng	kong											ku	kua	kuo	kuai	kui	kuan	kun	kuang				
h	ha		he				hai	hei	hao	hou	han	hen	hang	heng	hong											hu	hua	huo	huai	hui	huan	hun	huang				
y	ya			ye					yao	you	yan		yang			yi						yin		ying		yu								yu	yue	yuan	yun
w	wa	wo					wai	wei			wan	wen	wang	weng												wu											

Lesson 6

Dì liù kè	Wǒ xuéxí Hànyǔ
第六课	我学习汉语

一 课文 Kèwén ● Text

（一）我学习汉语

麦　克： 请问，你贵姓？
Màikè: Qǐngwèn, nǐ guìxìng?

张　东： 我姓张。
Zhāng Dōng: Wǒ xìng Zhāng.

麦　克： 你叫什么名字？
Màikè: Nǐ jiào shénme míngzi?

张　东： 我叫张东。
Zhāng Dōng: Wǒ jiào Zhāng Dōng.

麦　克： 你是哪国人？
Màikè: Nǐ shì nǎ guó rén?

张　东： 我是中国人。你是哪国人？
Zhāng Dōng: Wǒ shì Zhōngguó rén. Nǐ shì nǎ guó rén?

麦 克: 我是美国人。
Màikè: Wǒ shì Měiguó rén.

张 东: 你学习什么？
Zhāng Dōng: Nǐ xuéxí shénme?

麦 克: 我学习汉语。
Màikè: Wǒ xuéxí Hànyǔ.

张 东: 汉语难吗？
Zhāng Dōng: Hànyǔ nán ma?

麦 克: 汉字很难，发音不太难。
Màikè: Hànzì hěn nán, fāyīn bú tài nán.

（二）这是什么书

（桌子上有两个邮包　There are two postal parcels on the table）

A: 这是什么？
Zhè shì shénme?

B: 这是书。
Zhè shì shū.

A: 这是什么书？
Zhè shì shénme shū?

B: 这是中文书。
Zhè shì Zhōngwén shū.

A: 这是谁的书？
Zhè shì shéi de shū?

B：这是老师的书。
Zhè shì lǎoshī de shū.

A：那是什么？
Nà shì shénme?

B：那是杂志。
Nà shì zázhì.

A：那是什么杂志？
Nà shì shénme zázhì?

B：那是英文杂志。
Nà shì Yīngwén zázhì.

A：那是谁的杂志？
Nà shì shéi de zázhì?

B：那是我朋友的杂志。
Nà shì wǒ péngyou de zázhì.

二 生词 Shēngcí ● New Words

1. 请问　　（动）　　qǐngwèn　　Excuse me.
   问　　　（动）　　wèn　　　　to ask; to enquire
2. 贵姓　　（名）　　guìxìng　　May I know your name?
3. 姓　　　（动、名）xìng　　　 family name
4. 叫　　　（动）　　jiào　　　　to call; to name
5. 名字　　（名）　　míngzi　　name
6. 哪　　　（代）　　nǎ　　　　which; where
7. 国　　　（名）　　guó　　　　country; nationality

	中国	（名）	Zhōngguó	China
	德国	（名）	Déguó	Germany
	俄国	（名）	Éguó	Russia
	法国	（名）	Fǎguó	France
	韩国	（名）	Hánguó	the Republic of Korea
	美国	（名）	Měiguó	the United States
	日本(国)	（名）	Rìběn (guó)	Japan
	英国	（名）	Yīngguó	Britain
8.	人	（名）	rén	human being; man (or woman)
9.	学习	（动）	xuéxí	to study; to learn
10.	汉字	（名）	Hànzì	Chinese characters
11.	发音	（名、动）	fāyīn	pronunciation; to pronounce
12.	什么	（代）	shénme	what
13.	书	（名）	shū	book
14.	谁	（代）	shéi/shuí	who
15.	的	（助）	de	(a particle used after an attribute to indicate possession)
16.	那	（代）	nà	that
17.	杂志	（名）	zázhì	magazine
18.	…文	（名）	…wén	language
	中文	（名）	Zhōngwén	Chinese
	阿拉伯文	（名）	Ālābówén	Arabic
	德文	（名）	Déwén	German
	俄文	（名）	Éwén	Russian
	法文	（名）	Fǎwén	French
	韩文	（名）	Hánwén	Korean

日文	（名）	Rìwén	Japanese
西班牙文	（名）	Xībānyáwén	Spanish
英文	（名）	Yīngwén	English
19. 朋友	（名）	péngyou	friend

专名 Zhuānmíng **Proper Names**

1. 麦克　　　　Màikè　　　　　Mike
2. 张东　　　　Zhāng Dōng　　　Zhang Dong（name of a Chinese）

三 注释 Zhùshì　Notes

（一）中国人的姓名　Chinese names

中国人的名字分姓和名两部分，姓在前，名在后，姓多为一个汉字，少数为两个汉字；名有两个汉字的，也有一个汉字的。

The name of a Chinese person has two parts: the family name and the personal or first name. The family name always comes before the personal name. Most family names consist of one character, few have two. Personal names can be of one character or of two characters.

姓	family name	名	first name
王	Wáng	伟国	Wěiguó
张	Zhāng	东	Dōng
田	Tián	芳	Fāng

（二）贵姓　May I ask what your (family) name is?

询问姓名时用的敬辞。

This is a very polite way of asking people about their family names.

四 语音 Yǔyīn ● Phonetics

词重音（1） Word stressed (1)

汉语双音节词和多音节词中总有一个音节读得重一些，这个重读音节就叫词重音。大部分词的重音在最后一个音节上，本书用音节下面加黑点来表示词重音。

In a disyllablic or multisyllablic Chinese word there is usually one syllable that is stressed. This syllable is called the stressed syllable. For most words, the stress falls on the last syllable. In this book the stress is indicated by a dot below the syllable.

| Hànyǔ | fāyīn | Yīngyǔ |
| xīngqī | dàxué | wénhuà |

也有一些词的重音在第一个音节上。

Some words have their stresses on the first syllable.

| míngzi | dàifu | xuésheng |

五 练习 Liànxí ● Exercises

1 语音 Phonetics

(1) 辨音辨调 Pronunciations and tones

dàxué	dà xuě	xuéxí	xuéqī
Yīngyǔ	yīnyuè	Fǎyǔ	fānyì
Rìyǔ	lìyú	yān jiǔ	yánjiū

(2) 三声变调 The Modulations of the 3rd tone

| qǐng chī | qǐng hē | qǐng tīng | qǐng shuō |
| hěn nán | hěn máng | hěn hóng | hěn téng |

hěn lěng	hěn kě	měihǎo	shǒubiǎo
hěn dà	wǒ pà	hěn màn	hěn è
hǎo ma	xiǎo ma	lǎo de	shǎo le

(3) 轻声　The neutral tone

zhuōzi	duōshao	duōme	qīngchu
liángkuai	zánmen	máfan	míngzi
dǒng ma	lěng ma	zěnme	nuǎnhuo
wèile	tòngkuai	dàifu	tàidu

(4) 声调搭配　Collocations of tones

fēijī	xīngqī	gōngjīn	kāfēi
xīnwén	yāoqiú	qīngnián	kēxué
gāngbǐ	hēibǎn	tīngxiě	gōnglǐ
fānyì	tiānqì	gānjìng	gāoxìng
tāmen	xiūxi	dōngxi	xiāoxi

2　回答问题　Answer the questions

(1) Nǐ jiào shénme míngzi?

(2) Nǐ shì nǎ guó rén?

(3) Nǐ xuéxí shénme?

(4) Hànyǔ nán ma?

3　完成会话　Complete the following dialogues

(1) A：＿＿＿＿＿＿＿＿＿＿＿＿＿＿＿＿＿？

　　B：Wǒ xìng Zhāng.

　　A：＿＿＿＿＿＿＿＿＿＿＿míngzi?

　　B：Wǒ jiào Zhāng Dōng.

　　A：＿＿＿＿＿＿＿＿＿＿＿＿＿＿＿？

　　B：Wǒ shì Zhōngguó rén. Nǐ shì nǎ guó rén?

A：Wǒ shì _____ rén.

B：_____？

A：Wǒ xuéxí Hànyǔ.

A：_____？

B：Fāyīn bú tài nán, Hànzì hěn nán.

(2) A：Zhè shì shénme?

B：_____。

A：_____ shū?

B：Zhè shì Zhōngwén shū.

A：_____？

B：Zhè shì lǎoshī de shū.

(3) A：_____？

B：Nà shì zázhì.

A：_____ zázhì?

B：Nà shì Yīngwén zázhì.

A：_____ zázhì?

B：Nà shì wǒ de zázhì.

4 替换 Substitution exercises

(1) A：Nǐ shì nǎ guó rén?

B：Wǒ shì <u>Zhōngguó</u> rén.

Měiguó	Hánguó
Yīngguó	Déguó
Rìběn	Fǎguó

(2) A：Nǐ xuéxí shénme?

B：Wǒ xuéxí <u>Hànyǔ</u>.

Yīngyǔ	Éyǔ
Fǎyǔ	Déyǔ
Hányǔ	Rìyǔ

(3) A：Zhè shì shénme shū?
B：Zhè shì Yīngwén zázhì.

Déwén	Fǎwén
Zhōngwén	Éwén
Hánwén	Rìwén

(4) A：Nà shì shéi de shū?
B：Nà shì Wáng lǎoshī de shū.

tā
Zhāng lǎoshī
wǒ péngyou

5 成段表达 Express yourself

我叫_____。_____国人。我学习汉语。汉语的发音不太难，汉字很难。他叫张东，是中国人，他学习英语。

6 写汉字 Learn to write

人	丿	人	人				
问	丶	亻	闩	问	问	问	
叫	口	叫	叫				
名	丿	夕	夕	夕	名	名	
字	丶	宀	宀	字	字		
国	丨	冂	冂	冃	围	国	国
中	丨	口	口	中			
文	丶	亠	𠂊	文			
习	乛	习	习				
发	乛	𠂇	𠂊	发	发		
音	丶	亠	立	立	产	音	音 音
朋	丿	月	月	月	朋		
友	一	ナ	友	友			
书	乛	乛	书	书			

Lesson 7

Dì qī kè	Nǐ chī shénme
第七课	你吃什么

一 课文 Kèwén ● Text

(在教室 In a classroom)

麦克：　中午 你 去 哪儿 吃 饭？
Màikè：　Zhōngwǔ nǐ qù nǎr chī fàn?

玛丽：　我 去 食堂。
Mǎlì：　Wǒ qù shítáng.

(在食堂 In a dining hall)

麦克：　你 吃 什么？
Màikè：　Nǐ chī shénme?

玛丽：　我 吃 馒头。
Mǎlì：　Wǒ chī mántou.

麦克：　你 要 几 个？
Màikè：　Nǐ yào jǐ ge?

玛丽： 一个。你吃吗？
Mǎlì： Yí ge. Nǐ chī ma?

麦克： 不吃，我吃米饭。你喝什么？
Màikè： Bù chī, wǒ chī mǐfàn. Nǐ hē shénme?

玛丽： 我要一碗鸡蛋汤。你喝吗？
Mǎlì： Wǒ yào yì wǎn jīdàn tāng. Nǐ hē ma?

麦克： 不喝，我喝啤酒。
Màikè： Bù hē, wǒ hē píjiǔ.

玛丽： 这些是什么？
Mǎlì： Zhèxiē shì shénme?

麦克： 这是饺子，这是包子，那是面条。
Màikè： Zhè shì jiǎozi, zhè shì bāozi, nà shì miàntiáo.

二 生词 Shēngcí New Words

1.	中午	（名）	zhōngwǔ	noon
2.	吃	（动）	chī	to eat
3.	饭	（名）	fàn	meal
4.	食堂	（名）	shítáng	dining hall
5.	馒头	（名）	mántou	*mantou* (steamed bun)
6.	米饭	（名）	mǐfàn	steamed rice
	米	（名）	mǐ	rice
7.	要	（动）	yào	to want; to desire
8.	个	（量）	gè	(a classifier basically used before nouns without a special classifier

of their own)

9.	碗	（名）	wǎn	bowl
10.	鸡蛋	（名）	jīdàn	egg
	鸡	（名）	jī	hen; cock; chicken
	蛋	（名）	dàn	egg
11.	汤	（名）	tāng	soup
12.	啤酒	（名）	píjiǔ	beer
	酒	（名）	jiǔ	alcoholic drink; spirits
13.	这些	（代）	zhèxiē	these
	些	（量）	xiē	(classifier) some
	一些		yìxiē	some; a few; a little
	那些	（代）	nàxiē	those
14.	饺子	（名）	jiǎozi	*jiaozi* (dumpling)
15.	包子	（名）	bāozi	*baozi*
16.	面条	（名）	miàntiáo	noodle

专名 Zhuānmíng **Proper Name**

玛丽　　　　　　Mǎlì　　　　　Mary

三 注释 Zhùshì ● Notes

"一"的变调　The modulations of "一"

数词"一"的本调是第一声，在单独念、数数或读号码时，读本调。

"一"的发音根据后面音节的声调改变。"一"后面的音节是第一、二、三声时，"一"读成第四声。"一"后面的音节是第四声时，"一"读成第二声。例如：

The basic tone of the numeral "一" is the 1st tone. When read alone, or in counting or calling out numbers, its basic tone is used.

The tone of "一" may vary with the tones of the syllable that comes after it: if preceded by the 1st, 2nd or the 3rd tones, "一" is pronounced as the 4th tone; if it is preceded by a 4th tone, it is pronounced as the 2nd tone, e. g.

| yìbān | yì yuán | yì běn | yí gè |
| yìshí | yì nián | yì diǎn | yí jiàn |

四 练习 Liànxí ● Exercises

① 语音 Phonetics

(1) 辨音辨调 Pronunciations and tones

tóu	shǒu	bí	yǎn	kǒu
jī	yā	niú	yáng	gǒu
fàn	cài	guǒ	chá	nǎi
ròu	dàn	táng	yān	jiǔ

mántou	nánshòu	bāozi	páozi
jīdàn	qīxiàn	shūbāo	shū bào
dā chē	dà chē	nǎli	nàli

(2) 多音节连读 Multisyllablic liaison

| chī mántou | chī miànbāo | chī mǐfàn | chī jiǎozi | chī bāozi |
| hē kāfēi | hē niúnǎi | hē píjiǔ | hē chá | hē suānnǎi |

(3) "一" 的变调 Modulations of "一"

yì fēng	yì tiān	yì zhāng	yì shuāng
yì céng	yì huí	yì jié	yì nián
yì běn	yì bǐ	yì kǒu	yì diǎn
yí ge	yí kè	yí jiàn	yí piàn

(4) "不" 的变调 Modulations of "不"

| bù chī | bù hē | bù shuō | bù duō | bù suān |
| bù lái | bù xíng | bù tóng | bù néng | bù tián |

bù mǎi	bù lěng	bù dǎ	bù hǎo	bù xiǎo
bú mài	bú qù	bú pà	bú zuò	bú è

(5) 轻声 The neutral tone

dāozi	chāzi	sháozi	kuàizi	jiǎnzi	qiánzi
wūzi	zhuōzi	yǐzi	guìzi	xiāngzi	hézi

(6) 声调搭配 Collocations of tones

fángjiān	míngtiān	niánqīng	guójiā
míngnián	huídá	tóngxué	liúxué
niúnǎi	píjiǔ	yóuyǒng	ménkǒu
yóupiào	bú yào	cídài	xíguàn
biéde	péngyou	juéde	máfan

2 认读 Read and learn

吃馒头	吃包子	吃米饭	吃面条	吃饺子
喝什么	喝汤	喝茶	喝啤酒	喝鸡蛋汤
什么汤	什么书	什么人	什么酒	什么名字

3 回答问题 Answer the following questions

(1) Nǐ qù nǎr chī fàn? _____

(2) Nǐ chī shénme? _____

(3) Nǐ chī jǐ ge mántou? _____

(4) Nǐ hē shénme? _____

(5) Nǐ hē shénme tāng? _____

(6) Nǐ yào shénme píjiǔ? _____

4 完成会话 Complete the following dialogues

A: _____?

B: Wǒ qù shítáng chī fàn.

A：_____?

B：Zhè shì mántou.

A：_____?

B：Nà shì bāozi.

A：_____?

B：Nàxiē shì jiǎozi.

A：_____?

B：Wǒ chī mántou.

A：_____?

B：Wǒ chī yí ge. Nǐ chī ma?

A：_____, wǒ chī _____. Nǐ hē tāng ma?

B：Hē. Wǒ yào yí ge jīdàntāng. Nǐ hē shéme?

A：Wǒ bù hē _____. Wǒ hē _____.

5 看图问答　What's this

A：这是什么？

B：这是_____。

筷子 kuàizi chopstick	碗 wǎn bowl	书 shū book	词典 cídiǎn dictionary	电脑 diànnǎo computer
伞 sǎn umbrelle	汽车 qìchē car	电视 diànshì TV	录音机 lùyīnjī recorder	手机 shǒujī mobile phore

· 61 ·

6 成段表达　Express yourself

中午我去食堂吃饭。这是馒头，这是包子，那是面条，这些是饺子。我吃馒头，喝鸡蛋汤。麦克不吃馒头，不喝鸡蛋汤，他吃米饭，喝啤酒。

7 写汉字　Learn to write

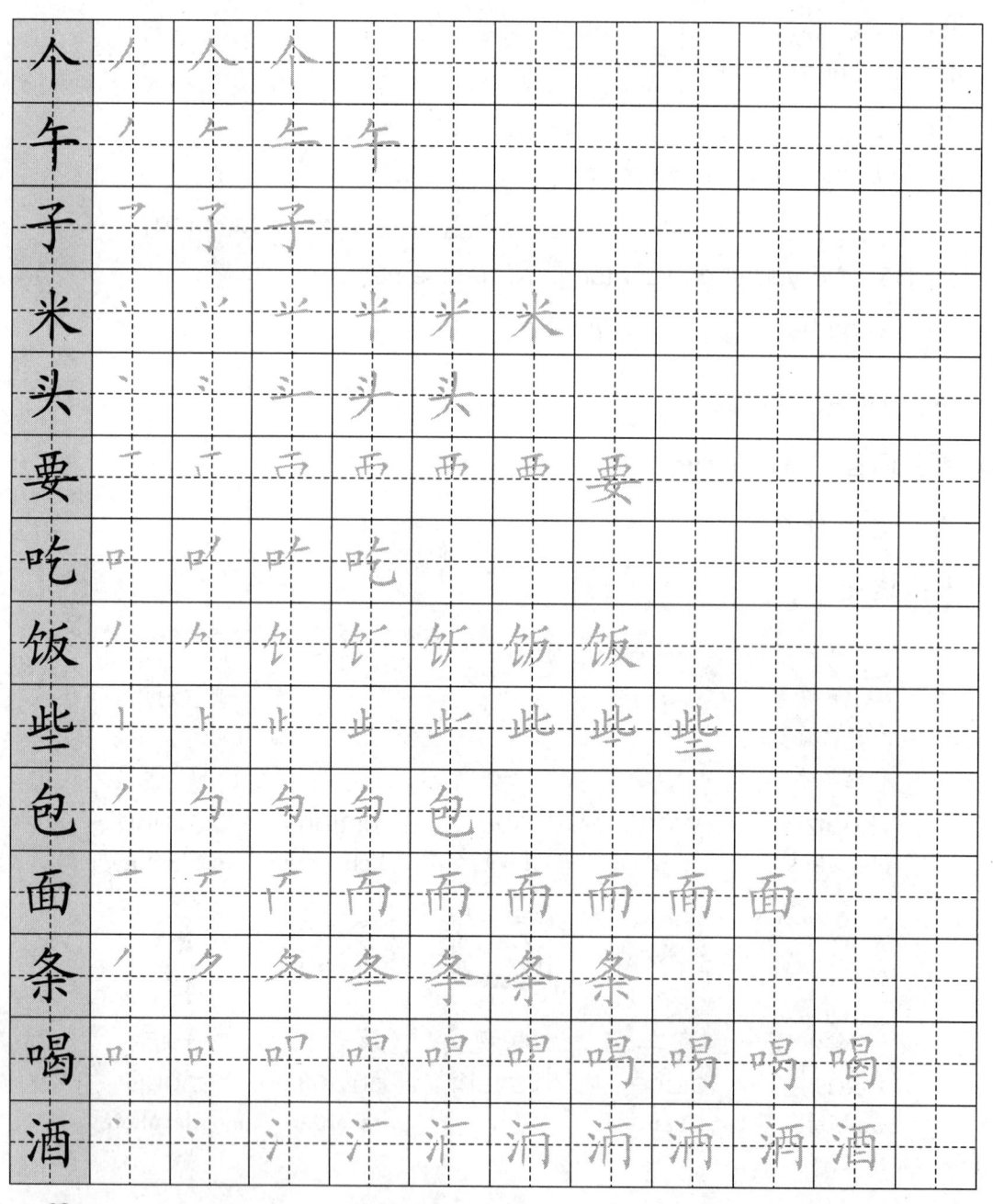

| 个 |
| 午 |
| 子 |
| 米 |
| 头 |
| 要 |
| 吃 |
| 饭 |
| 些 |
| 包 |
| 面 |
| 条 |
| 喝 |
| 酒 |

Lesson 8

| Dì bā kè
第八课 | Píngguǒ yì jīn duōshao qián
苹果一斤多少钱 |

一 课文 Kèwén ● Text

(A 买水果…… A was buying fruit...)

A：你买 什么？
　　Nǐ mǎi shénme?

B：我买 水果。苹果一斤 多少 钱？
　　Wǒ mǎi shuǐguǒ. Píngguǒ yì jīn duōshao qián?

A：三 块。
　　Sān kuài.

B：三 块？太贵了。两 块 五吧。
　　Sān kuài? Tài guì le. Liǎng kuài wǔ ba.

A：你要 几斤？
　　Nǐ yào jǐ jīn?

B：我买 五斤。
　　Wǒ mǎi wǔ jīn.

1斤2元

1斤3元

· 63 ·

A：还要别的吗？
　　Hái yào biéde ma?

B：橘子怎么卖？
　　Júzi zěnme mài?

A：两块。
　　Liǎng kuài.

B：要两斤。一共多少钱？
　　Yào liǎng jīn. Yígòng duōshao qián?

A：一共十六块五（毛）。你给十六块吧。
　　Yígòng shíliù kuài wǔ (máo). Nǐ gěi shíliù kuài ba.

B：给你钱。
　　Gěi nǐ qián.

A：这是五十，找您三十四块。
　　Zhè shì wǔshí, zhǎo nín sānshísì kuài.

二 生词 Shēngcí ● New Words

1.	买	（动）	mǎi	to buy
2.	水果	（名）	shuǐguǒ	fruit
3.	苹果	（名）	píngguǒ	apple
4.	斤	（量）	jīn	*jin*, a weight unit in China
	公斤	（量）	gōngjīn	kilogram
5.	贵	（形）	guì	expensive
6.	了	（助）	le	(modal particle)
7.	吧	（助）	ba	(a particle used at the end of a

				sentence, implying soliciting sb.'s advice, suggestion, requst or mild command)
8.	多少	(代)	duōshao	how much, how many
	多	(形)	duō	many; a lot of
	少	(形)	shǎo	few; little; less
9.	块(元)	(量)	kuài (yuán)	*kuai* (*yuan*), a basic money unit in China
	角(毛)	(量)	jiǎo (máo)	*jiao* (*mao*), equal to 10% of one *kuai*
	分	(量)	fēn	*fen*, equal to 1% of one *kuai*
10.	还	(副)	hái	also; in addition; still
11.	别的	(代)	biéde	other
12.	橘子	(名)	júzi	orange
13.	怎么	(代)	zěnme	how
14.	卖	(动)	mài	to sell
15.	两	(数)	liǎng	two
16.	一共	(副)	yígòng	altogether
17.	给	(动)	gěi	to give
18.	找	(动)	zhǎo	to give change

三 注释 Zhùshì Notes

(一) ……吧 The modal particle "吧"

表示要求、商量的语气。例如:

The modal particle "吧" may express a tone of demand, request or talking over something, e. g.

（1）太贵了，三块五吧。

（2）你给二十二块吧。

（二）"2 + 量词"→两(liǎng) + 量词

"2 + classifier" is read as "liǎng + classifier", e. g.

| 两个馒头 | 两个人 | 两国 |
| *二个馒头 | *二个人 | *二国 |

四 语音 Yǔyīn ● Phonetics

词重音（2） Word stress（2）

三个音节以上的多音节词，词重音大多也在最后一个音节上，例如：
In multisyllablic words the stress usually falls on the last syllable, e. g.

túshūguǎn　　　liúxuéshēng　　　fēijīchǎng　　　huǒchēzhàn

五 练习 Liànxí ● Exercises

1 语音 Phonetics

（1）辨音辨调 Pronunciations and tones

shū	běn	zhǐ	bǐ	dāo
zhuō	yǐ	chá	bēi	bāo
huà	huàr	zì	bào	xìn
xié	wà	yī	mào	biǎo

| dānxīn | tán xīn | chítáng | shítáng |
| tóuděng | tóu téng | dòngcí | tóngshì |

（2）声调搭配 Collocations of and tones

Běijīng　　　měi tiān　　　hǎochī　　　wǎncān

yǐqián	yǔyán	kěnéng	lǚxíng
fǔdǎo	xǐzǎo	kǒuyǔ	kěyǐ
cǎisè	hǎokàn	zěnyàng	wǔfàn
mǔqin	xǐhuan	jiějie	yǎnjing

（3）儿化韵　The retroflex syllables

xiǎoháir	hǎowánr	méi shìr	liáotiānr
yìdiǎnr	yíxiàr	yíhuìr	yíkuàir
yǒudiǎnr	chàng gēr	yǎnjìngr	míngpáir
qù nǎr	qù nàr	zài nǎr	zài zhèr

（4）轻声　The neutral tones

gāo de	dī de	nán de	nǚ de
bái de	hóng de	lǜ de	rènao
yuèliang	běnzi	jiǎozi	zhuōzi

（5）多音节连读　Multisyllablic liaison

liúxuéshēng	túshūguǎn	fēijīchǎng
huǒchēzhàn	chūzūchē	dàshǐguǎn
zúqiúchǎng	diànyǐngyuàn	yùndònghuì
tàijíquán	huàzhuāngpǐn	xiǎochīdiàn
tài guì le	tài suān le	tāi là le
tài tián le	tài xián le	tài yóu le
tài pàng le	tài yuǎn le	tài lèi le
tài kùn le	tài lěng le	tài rè le

2 认读　Read and learn

买苹果	买馒头	买饺子	买米饭	买包子
多少钱	多少斤	多少人	多少学生	多少老师
还买吗	还要吗	还去吗	还吃吗	还喝吗
还买	还要	还去	还吃	还喝

3 完成会话　Complete the following dialogues

(1) A：Nǐ mǎi shénme?

　　B：_____.

　　A：Nǐ mǎi duōshao?

　　B：_____.

　　A：Hái yào biéde ma?

　　B：_____. _____?

　　A：Yígòng _____.

(2) A：_____?

　　B：Wǒ mǎi júzi. Yì jīn duōshao qián?

　　A：_____.

　　B：Wǒ mǎi wǔ jīn. Yígòng duōshao qián?

　　A：_____. _____?

　　B：Bú yào. Xièxie!

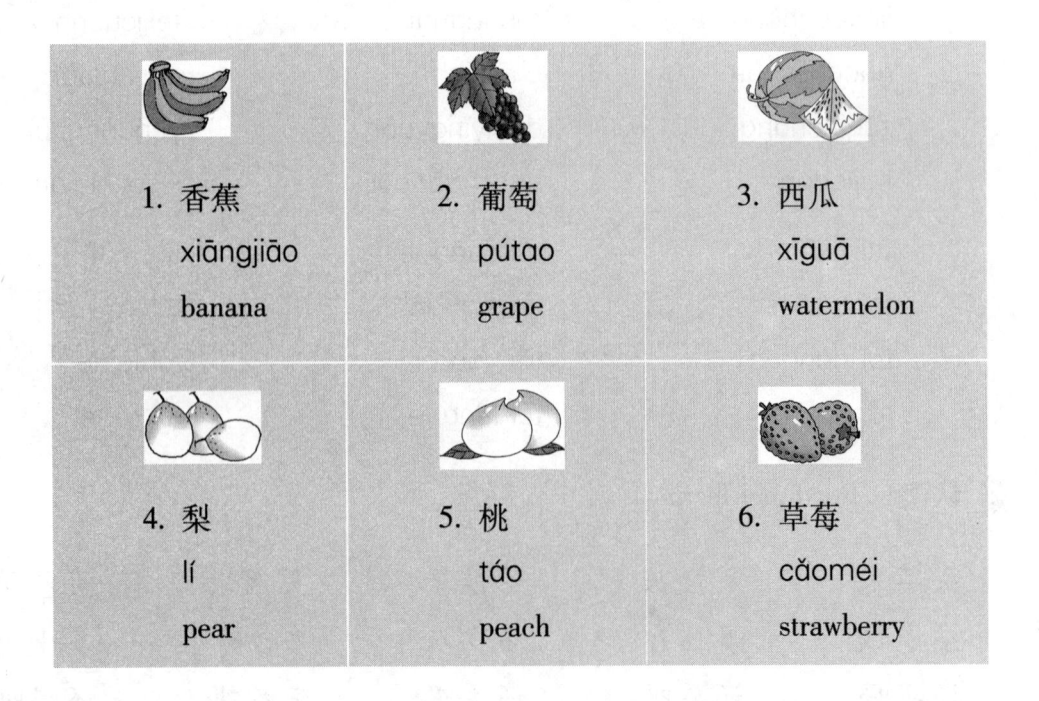

1. 香蕉 xiāngjiāo banana	2. 葡萄 pútao grape	3. 西瓜 xīguā watermelon
4. 梨 lí pear	5. 桃 táo peach	6. 草莓 cǎoméi strawberry

4 写汉字 Learn to write

元	一	二	亐	元						
毛	一	二	三	毛						
分	丿	八	分	分						
斤	一	厂	斤	斤						
多	丿	ク	夕	多	多	多				
少	丨	亅	小	少						
还	一	丆	不	不	还	还	还			
买	一	丆	乛	买	买	买				
卖	一	十	士	吉	吉	卖	卖	卖		
吧	口	吅	吧	吧	吧					
两	一	丆	币	两	两	两				
别	口	另	另	别	别					
给	纟	纟	纟	给	给	给	给			
找	一	十	扌	扌	找	找	找			

Lesson 9

Dì jiǔ kè
第九课

Wǒ huàn rénmínbì
我换人民币

一 课文 Kèwén ● Text

玛丽: 下午我去图书馆，你去不去？
Mǎlì: Xiàwǔ wǒ qù túshūguǎn, nǐ qù bu qù?

麦克: 我不去。我要去银行换钱。
Màikè: Wǒ bú qù. Wǒ yào qù yínháng huàn qián.

（在中国银行换钱　Changing money in Bank of China）

麦克: 小姐，我换钱。
Màikè: Xiǎojie, wǒ huàn qián.

营业员: 您换什么钱？
yíngyèyuán: Nín huàn shénme qián?

麦克: 我换人民币。
Màikè: Wǒ huàn rénmínbì.

营业员: 换多少？
yíngyèyuán: Huàn duōshao?

麦 克：	二百 美元。
Màikè:	Èr bǎi měiyuán.

营业员：	请 等 一会儿 …… 先生，给您钱。
yíngyèyuán:	Qǐng děng yíhuìr …… Xiānsheng, gěi nín qián.
	请 数 数。
	Qǐng shǔshu.

麦 克：	对了。谢谢！
Màikè:	Duì le. Xièxie!

营业员：	不 客气！
yíngyèyuán:	Bú kèqi!

二 生词 Shēngcí ● New Words

1.	下午	（名）	xiàwǔ	afternoon
	上午	（名）	shàngwǔ	morning
2.	图书馆	（名）	túshūguǎn	library
3.	要	（能愿）	yào	to want to; to wish to
4.	换	（动）	huàn	to change; to exchange
5.	小姐	（名）	xiǎojie	miss
6.	营业员	（名）	yíngyèyuán	shop employees
7.	人民币	（名）	rénmínbì	*Renminbi*; RMB
	人民	（名）	rénmín	people
8.	百	（数）	bǎi	hundred
	千	（数）	qiān	thousand
	万	（数）	wàn	ten thousand

9.	美元	（名）	měiyuán	US dollar
	港币	（名）	gǎngbì	Hong Kong dollar
	日元	（名）	rìyuán	Japanese yen
	欧元	（名）	ōuyuán	Euro
10.	等	（动）	děng	to wait
11.	一会儿	（名、副）	yíhuìr	a little while
12.	先生	（名）	xiānsheng	Mr.；sir
13.	数	（动）	shǔ	to count

三 注释 Zhùshì Notes

(一) 先生、小姐 Mr., Miss

"先生"是对男性的称呼。"小姐"是对未婚女性的称呼。

"先生" is used to address a man and "小姐" to a young unmarried woman.

```
姓 + 小姐/先生   Family name + 小姐/先生
王   小姐    →    王小姐
张   先生    →    张先生
```

(二) 请等一会儿

It means "Please wait for a little while / a moment."

四 语音 Yǔyīn Phonetics

三个三声的读法：一般情况下，前两个三声变二声，第三个读第三声（或半三声）。如强调第一个三声字或它后面有停顿时，要读半三声。例如：

When three 3rd tones appear in a row, normally the first two are pronounced as the 2nd tone; the third remains unchanged (or change into a half-3rd tone). When the first word is emphasized or when it is followed by a pause, it is pronounced in the half third-tone. Examples:

五百美元。("五"和"百"读第二声,"美"读半三声。)

我很好。("我"读半三声,"很"读第二声,"好"读第三声。)

五 练习 Liànxí ● Exercises

1 语音 Phonetics

(1) 辨音辨调 Pronunciations and tones

shàng	xià	huí	guò	qǐ
lái	qù	jìn	chū	huán
tīng	shuō	dú	xiě	yì
jiǎng	jiě	wèn	dá	liàn

huàn qián	fàn qián	měiyuán	měi nián
xiānsheng	shān shang	kèqi	kěqì
duìhuàn	tuìhuàn	yíbàn	yìbān

(2) 多音节连读 Multisyllablic liaison

yǒu shíhou	qù yínháng	huàn měiyuán
qù shāngdiàn	mǎi dōngxi	zhǎo língqián
wǔbǎi yuán	zhǎnlǎnguǎn	hěn hǎokàn
kāi wánxiào	méi guānxi	yǒu yìsi

(3) "不"的变调 The mudulations of "不"

bù shuō	bù duō	bù néng	bù lái
bù hǎo	bù mǎi	bú jiè	bú xiè

(4) 声调搭配 Collocations of tones

diànchē	miànbāo	dàshēng	diàndēng
fùxí	kèwén	liànxí	wèntí

Hànyǔ　　　wàiyǔ　　　zhèlǐ　　　nàlǐ
guìxìng　　yùndòng　　yànhuì　　kàn bìng
yuèliang　　piàoliang　　xièxie　　dàifu

② 认读 Read and learn

(1) 给你　　给我　　给他　　给你们　　给他们　　给老师
　　一百　　二百　　三百　　五百　　六百　　八百
　　今天下午　　　明天下午　　　星期三下午

(2) A：先生，我要换钱。
　　B：您换什么钱？
　　A：我换五万日元的人民币。
　　B：请等一会儿……小姐，给您钱。您数数。
　　A：对了。谢谢！
　　B：不客气！

③ 完成会话 Complete the dialogues

(1) A：Nín huàn shénme qián?
　　B：_____.
　　A：Qǐng děng yíhuìr… Gěi nín qián.
　　B：_____!
　　A：Bú kèqi!

(2) A：_____?
　　B：Bú qù, wǒ qù yínháng.

(3) A：_____, _____.
　　B：Wǒ huàn rénmínbì.
　　A：_____, _____.
　　B：Xièxie!

A：_____！

4 成段表达 Express yourself

玛丽问我去不去图书馆，我说，不去，我要去银行换钱。银行的小姐问我换什么钱，我说，换五百美元的人民币。

5 写汉字 Learn to write

| 上 |
| 下 |
| 午 |
| 小 |
| 百 |
| 千 |
| 方 |
| 美 |
| 民 |
| 先 |
| 生 |
| 客 |
| 气 |

Lesson 10

Dì shí kè	Tā zhù nǎr
第十课	他住哪儿

一 课文 Kèwén ● Text

李　昌浩：　请问，这是办公室吗？
Lǐ Chānghào:　Qǐngwèn, zhè shì bàngōngshì ma?

职　员：　是。你找谁？
zhíyuán:　Shì. Nǐ zhǎo shéi?

李　昌浩：　王老师在吗？我是他的学生。
Lǐ Chānghào:　Wáng lǎoshī zài ma? Wǒ shì tā de xuésheng.

职　员：　他不在。他在家呢。
zhíyuán:　Tā bú zài. Tā zài jiā ne.

李　昌浩：　他住哪儿？
Lǐ Chānghào:　Tā zhù nǎr?

职　员：　他住十八楼一门，房间号是６０１。
zhíyuán:　Tā zhù shíbā lóu yī mén, fángjiān hào shì liù líng yāo.

李昌浩： 您知道他的电话号码吗?
Lǐ Chānghào: Nín zhīdào tā de diànhuà hàomǎ ma?

职　员： 知道,6 2 9 3 1 0 7 4。
zhíyuán: Zhīdào, liù èr jiǔ sān yāo líng qī sì.

李昌浩： 他的手机号码是多少?
Lǐ Chānghào: Tā de shǒujī hàomǎ shì duōshao?

职　员： 不知道。
zhíyuán: Bù zhīdào.

李昌浩： 谢谢您。
Lǐ Chānghào: Xièxie nín.

职　员： 不客气。
zhíyuán: Bú kèqi.

二 生词 Shēngcí ● New Words

1. 办公室 （名） bàngōngshì   office
   办公   （动） bàngōng   to work (in an office)
2. 职员   （名） zhíyuán   employee; office worker
3. 找   （动） zhǎo   to look for
4. 在   （动、介） zài   to be in/at; in; at
5. 家   （名、量） jiā   home; (a classifier for a family, company, shop, etc.)
6. 呢   （助） ne   (a modal particle used at the end of a declarative sentence to indicate the continuation of an action or situation)

7.	住	（动）	zhù	to live
8.	楼	（名）	lóu	building
9.	门	（名）	mén	door; gate
10.	房间	（名）	fángjiān	room
11.	号	（名）	hào	number
12.	知道	（动）	zhīdào	to know
13.	电话	（名）	diànhuà	telephone
	电	（名）	diàn	electricity
	话	（名）	huà	words; speech
14.	号码	（名）	hàomǎ	number
15.	零（〇）	（数）	líng	zero
16.	手机	（名）	shǒujī	mobile phone
	手	（名）	shǒu	hand

专名 Zhuānmíng **Proper Name**

李昌浩　　　Lǐ Chānghào　　　Lee Changho（name of a Korean）

三 注释 Zhùshì　Notes

（一）请问　Excuse me.

向别人询问事情时常说"请问，……?"

When we ask a stranger about something, we usually begin with "请问，……?"

（二）他在家呢。　He is at home.

"呢"用在陈述句尾，表示肯定的语气以确认事实。

"呢" is used at the tail of an indicative sentence to express an affirmative tone about a fact.

· 78 ·

(三) 您　you

是人称代词"你"的敬称：老师，您好。

A term of respect the pronoun "你", e.g. "老师，您好。"

(四) "0"　zero

汉语读"líng"，汉字写作"零（〇）"。

In Chinese this is pronounced as "líng", and written as 零（〇）.

四　语法　Yǔfǎ ● Grammar

(一) 汉语句子的语序　The word order of Chinese sentence

汉语没有严格意义上的形态变化，语序是汉语的主要语法手段。

汉语的句子由主语、谓语、宾语、定语、状语、补语等六种成分组成。语序一般是主语在前，谓语在后。谓语的主要成分为动词，宾语是动词的连带成分，状语修饰动词或形容词，补语跟在动词或形容词后边，补充说明动词或形容词，定语放在名词性主语和宾语的前边，起修饰作用。例如：

There are no morphological changes in the strict sense in Chinese; the word order is the main grammatical constituent of the language.

Chinese sentences are made up of six elements: subject, predicate, object, attributive, adverbial and complement. The grammatical order of a sentence is, normally, that a subject precedes a predicate. The predicate is usually a verb. An object is an element attached to the predicate. An adverbial modifies a verb or adjective. A complement normally follows a verb or an adjective and further illustrates the verb or the adjective. An attributive is placed before a nominal noun and an object, functioning as a modifier. For example：

主语（s）	谓语（P） 动（V）+宾（O） ／ 形		
定+名	状语+动+补+定+宾（O） ／ 形		
我朋友	下午 去		银行。
我	换		人民币。
汉语	不太		难。

(二) 动词谓语句　The sentence with a verb as its predicate

动词作谓语主要成分的句子叫动词谓语句。语序是：

A sentence with a verb as its predicate is one in which the verb is the main element of the predicate. The grammatical order is:

主语　+　谓语（动词）　+　宾语
Subject　+　Predicate(Verb)　+　Object

(1) 我学习汉语。
(2) 她吃米饭。
(3) 王老师住十八楼。
(4) 我不去图书馆。

(三) 号码的读法 How to read numbers

号码中的数字为基数词的读法，不管有多少位数字，都要一个一个地读出数字。例如：电话号、门牌号、护照号、汽车号等。

In reading a cardinal number, no matter how many digits there are, they are read out one by one. For example, telephone numbers, house numbers, passport numbers, car numbers, etc.

6	2	3	1	0	8	9	4
liù	èr	sān	yāo	líng	bā	jiǔ	sì

18	楼	4	门	8	号
shíbā	lóu	sì	mén	bā	hào

① 号码中的"一"常常读作"yāo"。例如：

"一" is often read as "yāo", e. g.

181 号 ⟶ yāo bā yāo hào

② 号码中"二"要读作"èr"，不能读成"liǎng"。例如：

"二" is read as "èr", and cannot be read as "liǎng", e. g.

212 号 ⟶ èr yāo èr hào

③ 相同的数字要分别读出。例如：

Identical numbers are read out one by one, e. g.

6 6 0 0 4 1 1 2 号 ⟶ liù liù líng líng sì yāo yāo èr hào

询问号码要说："几号？"或者"……号码儿是多少？"例如：

When inquiring about numbers, we say "几号" or "…号码是多少？"

Nǐ zhù jǐ hào?

Nǐ de diànhuà hàomǎ shì duōshao?

五 练习 Liànxí Exercises

1 语音 Phonetics

(1) 辨音辨调 Pronunciations and tones

dú shū	túshū	jiè shū	xiě shū
qiāo mén	jiào rén	bù kě	bǔ kè
kèqi	kěqì	búguò	bǔ guò

(2) 儿化韵 The retroflex syllables

| yìdiǎnr | yíxiàr | chàdiǎnr | yǒudiǎnr |
| zhù nǎr | zhù zhèr | pángbiānr | hǎo diǎnr |

(3) "一"的变调 The modulations of "一"

| yì zhī | yì bāo | yì bǎ | yì wǎn |
| yí kè | yí jiàn | yí cì | yí piàn |

(4) 轻声 The neutral tone

bízi	sǎngzi	dùzi	kùzi	qúnzi	bèizi	běnzi
lèi ma	lèi la	è ma	è le	kě ma	kě le	lěng le
dǒng le	xiǎo le	shǎo le	duō le	pǎo le	kū le	xiào le

(5) 三声变调 The modulations of the 3rd tone

qǐng hē	nǐ tīng	kěnéng	hěn téng
hǎo lěng	hǎo dǒng	měihǎo	shǒubiǎo
hěn dà	kěpà	hěn màn	hǎokàn

(6) 多音节连读 Multisyllablic liaison

jì shēngcí	xiě Hànzì	dú kèwén
tīng lùyīn	tīng yīnyuè	zuò liànxí
qù shāngdiàn	mǎi dōngxi	kàn diànyǐng
kàn diànshì	dǎ wǎngqiú	tī zúqiú

（7）声调搭配 Collocations of tones

xiānsheng	gūniang	gānjing	qīngchu
shénme	shíhou	liángkuai	míngzi
nǐmen	wǒmen	zǎoshang	wǎnshang
zhège	dìfang	zhème	piàoliang

2 认读 Read and learn

找老师	找同学	找朋友	找书	找食堂
在家	在学校	在食堂	在八楼	在办公室
我知道	你知道	他知道	不知道	知道吗

3 回答问题 Answer the following questions

(1) Nǐ shì liúxuéshēng ma?

_____

(2) Nǐ xuéxí shénme?

_____

(3) Nǐ zhù nǎr?

_____

(4) Nǐ zhù duōshao hào?

_____

(5) Nǐ de shǒujī hàomǎ shì duōshao?

_____

4 成段表达 Express yourself

我去办公室找王老师，办公室的老师说，王老师不在，他在家呢。王老师住18楼1门601号，他家的电话是62931074。

5 写汉字 Learn to write

住	丿	亻	亻	住	住	住				
办	フ	力	办	办						
公	丿	八	公	公						
室	丶	宀	宀	室						
在	一	ナ	才	在	在					
家	丶	宀	宀	宁	宇	宇	家	家	家	
呢	口	叩	叩	呢	呢	呢				
知	丿	乍	乍	乍	矢	知				
道	丶	丷	兯	并	首	首	首	道		
电	丨	口	曰	电	电					
话	丶	讠	讠	计	话	话	话			
号	口	旦	号							
手	一	二	三	手						
机	一	十	才	才	机	机				

常用电话号码　Some useful telephone numbers

查号台：114
Directory inquiries

匪警电话：110
Police

天气预报：121
Weather

火警电话：119
Fire

急救电话：120
First aid

Lesson 11

第十一课 我们都是留学生
Dì shíyī kè Wǒmen dōu shì liúxuéshēng

一 课文 Kèwén · Text

（一）这位是王教授

（秘书给校长介绍王教授…… A secretary is introducing Prof. Wang to her president...）

秘书： 我先介绍一下儿，这位是王教授。
mìshū: Wǒ xiān jièshào yíxiàr, zhè wèi shì Wáng jiàoshòu.

这是马校长。
Zhè shì Mǎ xiàozhǎng.

校长： 欢迎您，王教授。
xiàozhǎng: Huānyíng nín, Wáng jiàoshòu.

王教授： 谢谢！
Wáng jiàoshòu: Xièxie!

（二）我们都是留学生

A: 你是留学生吗？
Nǐ shì liúxuéshēng ma?

B: 是。
Shì.

A: 罗兰也是留学生吗?
Luólán yě shì liúxuéshēng ma?

B: 她也是留学生。我们都是留学生。
Tā yě shì liúxuéshēng. Wǒmen dōu shì liúxuéshēng.

A: 张东和田芳也都是留学生吗?
Zhāng Dōng hé Tián Fāng yě dōu shì liúxuéshēng ma?

B: 不,他们俩不是留学生。他们都是中国学生。
Bù, tāmen liǎ bú shì liúxuéshēng. Tāmen dōu shì Zhōngguó xuésheng.

(三) 你也是中国人吗

爱德华: 他是中国人吗?
Àidéhuá: Tā shì Zhōngguó rén ma?

李昌浩: 是。
Lǐ Chānghào: Shì.

爱德华: 你也是中国人吗?
Àidéhuá: Nǐ yě shì Zhōngguó rén ma?

李昌浩: 不是。我是韩国人。
Lǐ Chānghào: Bú shì. Wǒ shì Hánguó rén.

爱德华: 对不起。
Àidéhuá: Duì bu qǐ.

李昌浩: 没什么。
Lǐ Chānghào: Méi shénme.

二 生词 Shēngcí New Words

1. 秘书 （名） mìshū secretary
2. 先 （副） xiān first
3. 介绍 （动） jièshào to introduce
4. 一下儿 （数量） yíxiàr （a number measure word used after a verb to indicate one action or one try）
5. 位 （量） wèi （a classifier used before people）
6. 教授 （名） jiàoshòu professor
7. 校长 （名） xiàozhǎng president；principal
8. 欢迎 （动） huānyíng to welcome；to greet
9. 留学生 （名） liúxuéshēng overseas student
    留学 （动） liúxué to study abroad
10. 也 （副） yě also；too；either
11. 我们 （代） wǒmen we；us
    你们 （代） nǐmen you（pl.）
    他们 （代） tāmen they；them
12. 都 （副） dōu all；both
13. 和 （连） hé and
14. 俩 （数） liǎ two
15. 学生 （名） xuésheng student
16. 没什么 méi shénme do not matter；never to mind

专名 Zhuānmíng **Proper Names**

1. 马 Mǎ Ma（a family name of Chinese）
2. 田芳 Tián Fāng Tian Fang（name of a Chinese）
3. 罗兰 Luólán Roland
4. 爱德华 Àidéhuá Edward

三 注释 Zhùshì Notes

我先介绍一下儿

It means "First please allow me to introduce…".

四 语法 Yǔfǎ Grammar

(一) 怎么问 (1) ……吗?   Interrogation (1): Yes/No questions with "……吗?"

在陈述句句尾加上表示疑问的语气助词"吗",构成汉语的是非问句。
A yes/no question is formed by adding the inquisitive modal particle "吗" to the end of an indicative sentence.

A：你是中国人吗?
B：是。(我是中国人。)
A：你是老师吗?
B：不是。我是学生。
A：他们都是留学生吗?
B：他们都是留学生。

(二) 状语 Adverbial

动词和形容词前面的修饰成分叫状语。副词、形容词等都可以作状语。
The modifying elements before a verb and adjective are called adverbials. Adverbs, adjectives, etc., can function as adverbials, e.g.

(1) 爸爸妈妈都很好。
(2) 汉字很难。
(3) 语法不太难。

(三) 副词"也"和"都"   The adverbs "也" (also) and "都" (all, both)

副词"也"和"都"放在动词或形容词前边,在句中作状语。
The adverbs "也" and "都" are placed before verbs and adjectives and function

as adverbials.

(1)（麦克是留学生，）玛丽也是留学生。

（田芳不是留学生，）张东也不是留学生。

不能说：*也玛丽是留学生。

(2)（麦克是留学生，玛丽也是留学生，）麦克和玛丽都是留学生。

不能说：*都麦克和玛丽是留学生。

五 语音 Yǔyīn ● Phonetics

(一) 句重音 (1)　Sentence stress (1)

一个句子，总有一个成分在说话人看来是比较重要的，因而说得要重一些。这个重读的成分就是句重音。

In a sentence there is always an element that is more important than others to the speaker and therefore is stressed. This stressed element is the sentence stress.

1. 简单的主谓句，谓语要重读。

In a simple subject-predicate sentence, the predicate is stressed.

> 我'吃。
> 爸爸'很忙。

如果主语是疑问代词，疑问代词要重读。

If the subject is an interrogative pronoun, it is stressed.

> '谁去？
> '哪儿是邮局？

2. 有宾语的句子，宾语要重读。

If the sentence has an object, the object is stressed.

> 我学习'汉语。
> 他买'苹果。

3. 有定语、状语的句子，一般定语、状语要重读。

Normally the attributes and adverbials are stressed.

> 我是′中国人。
> 他′也是留学生。

数词"一"和量词组成的定语不重读。

The numeral "一" and attributes of classifiers are not stressed.

> 我吃一个′包子。

（二）语调（1） Intonation（1）

汉语语调有两种：升调和降调。语调升降主要表现在最后一个重读音节上。其后的非重读音节或轻声音节也随之升高或降低。汉语语调是在保持重读音节原来声调的基础上的升高或降低。一般来说，疑问句读升调，陈述句读降调。

There are two intonations in Chinese: the rise and the fall. The intonations are shown in the last stressed syllable. The other unstressed or neutralised syllables after it will rise or fall with the strssed syllable. The rise and fall of the Chinese intonations are relative and are based on the original tones of words. Normally, the rise is used in interrogative sentences, while the fall is used for indicative sentences.

> 你是留学生吗？↗
> 我是留学生。↘

六 练习 Liànxí ● Exercises

1 语音　Phonetics

（1）辨音辨调　Pronunciations and tones

tāmen	dà mén	jiàoshòu	jiāo shū
dàifu	tàidu	hùshi	hūshì
jīnglǐ	jīnglì	lùshī	lìshǐ

(2) 多音节连读　Multisyllablic liaison

fúwùyuán	shòupiàoyuán
shòuhuòyuán	lièchēyuán
gōngchéngshī	shèyǐngshī
shèjìshī	jiànzhùshī
Zhōngwén ruǎnjiàn	Hàn-Yīng cídiǎn
xuésheng shítáng	xīnhuá shūdiàn
gǎigé kāifàng	fánróng fùqiáng
rénmín xìngfú	měihǎo lǐxiǎng
shānmíng shuǐxiù	fēngjǐng měilì
bǎohù huánjìng	fāzhǎn jīngjì
liǎojiě Zhōngguó	xuéxí Hànyǔ
jiāqiáng tuánjié	zēngjìn yǒuyì

2 认读　Read and learn

不是	不去	不好	不难
也是	也去	也买	也要
都是	都去	都要	都吃
先去	先吃	先买	先介绍
也是留学生	都是老师	都是朋友	都是学生

3 替换　Substitution exercises

补充生词　Supplementary words

1. 大夫　　dàifu　　doctor
2. 护士　　hùshi　　nurse
3. 经理　　jīnglǐ　　manager
4. 律师　　lǜshī　　lawyer
5. 记者　　jìzhě　　reporter

(1) A：你是留学生吗？
    B：是。(我是留学生。)

老师	校长
教授	经理
护士	律师

(2) A：她也是留学生吗？
    B：她也是留学生。他们都是留学生。

老师	护士
学生	教授
大夫	营业员

(3) A：她是老师吗？
    B：不是。(他不是老师。)

教授	校长
经理	记者
秘书	律师

(4) A：你也是中国人吗？
    B：不是。(我不是中国人。)

美国	法国
韩国	德国
日本	意大利

4 回答问题　Answer the following questions

例：A：你是中国人吗？
　　B：不是，我是韩国人。

(1) A：你是美国人吗？
　　B：____，_____。

(2) A：你是老师吗？
　　B：____，_____。

(3) A：田芳是留学生吗？
　　B：____，_____。

(4) A：你学习英语吗？
　　B：____，_____。

(5) A：你们的老师是王老师吗？
　　B：____，_____。

5 完成会话　Complete the following dialogues

例：A：你是老师吗？
　　B：是。
　　A：他也是老师吗？
　　B：他也是老师。

(1) A：他是教授吗？

B：_____。
　　　A：_____？
　　　B：她也是教授。

(2) A：麦克是留学生吗？
　　　B：_____。
　　　A：_____？
　　　B：玛丽也是留学生。

(3) A：田芳是中国学生吗？
　　　B：_____。
　　　A：_____？
　　　B：张东也是中国学生。

(4) A：你爸爸是大夫吗？
　　　B：_____。
　　　A：_____？
　　　B：我妈妈也是大夫。

(5) A：她们是老师吗？
　　　B：_____。
　　　A：_____？
　　　B：我们也是老师。

(6) A：你朋友是律师吗？
　　　B：_____。
　　　A：_____？
　　　B：我也是律师。

6 用"都"改写句子 Rewrite the following sentences with "都"

例：他是留学生，我也是留学生。→ 我们都是留学生。

(1) 麦克是留学生，玛丽也是留学生。
→_____

(2) 张东是中国人，田芳也是中国人。
→_____

(3) 你是老师，他也是老师。
→_____

(4) 爸爸是大夫，妈妈也是大夫。
→_____

(5) 他是教授，她也是教授。
→_____

(6) 他是律师，他朋友也是律师。
→_____

7 成段表达　Express yourself

你们好！我先介绍一下儿，我叫_____，_____人，是留学生。这位是_____，她不是_____人，她是_____国人。她也是留学生，我们都学习汉语。

这两位是中国人，他叫张东，她叫田芳，他们都学习英语，我们都是好朋友。

8 组句　Construct sentences

例：留学生　他们　是　都 → 他们都是留学生。

(1) 是　我　不　日本　人　_____

(2) 吗　老师　是　你　也　_____

(3) 是　校长　他　吗　_____

(4) 也　学生　她　是　中国　_____

(5) 都　不　我们　留学生　是　_____

(6) 大夫　我爸爸　都　妈妈　是 _____

9 写汉字 Learn to write

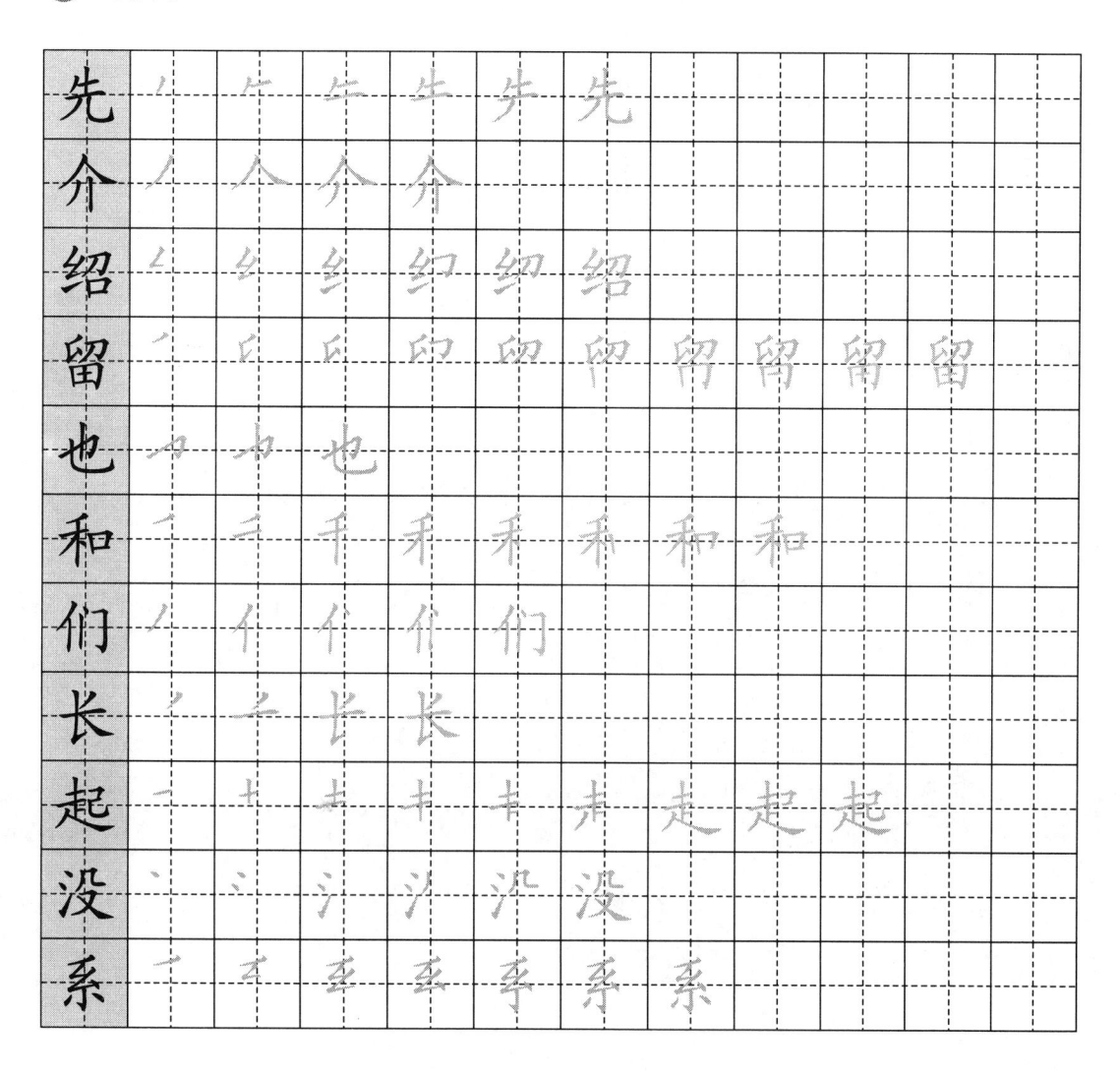

先	ノ	⺧	⺧	生	先	先				
介	ノ	人	介	介						
绍	⺡	纟	纟	纫	绍	绍				
留	⺈	⺜	印	印	叨	留	留	留		
也	⺻	九	也							
和	ノ	二	千	禾	禾	和	和			
们	ノ	亻	亻	们	们					
长	ノ	⺊	长	长						
起	一	十	土	丰	走	走	起	起	起	
没	⺀	⺀	氵	氵	没	没				
系	ノ	⺈	⺈	玄	至	至	系	系		

Lesson 12

Dì shí'èr kè	Nǐ zài nǎr xuéxí
第十二课	你在哪儿学习

一 课文 Kèwén ● Text

（一）你在哪儿学习汉语

A：你在哪儿学习汉语？
　　Nǐ zài nǎr xuéxí Hànyǔ?

B：在北京语言大学。
　　Zài Běijīng Yǔyán Dàxué.

A：你们的老师怎么样？
　　Nǐmen de lǎoshī zěnmeyàng?

B：很好！
　　Hěn hǎo!

A：你觉得学习汉语难吗？
　　Nǐ juéde xuéxí Hànyǔ nán ma?

B：我觉得语法不太难。听和说也比较容易，
　　Wǒ juéde yǔfǎ bú tài nán. Tīng hé shuō yě bǐjiào róngyì,

但是读和写很难。
dànshì dú hé xiě hěn nán.

（二）你们的老师是谁

A：我给你们介绍一下儿，这位是新同学，是
Wǒ gěi nǐmen jièshào yíxiàr, zhè wèi shì xīn tóngxué, shì

我的同屋。
wǒ de tóngwū.

B：你在哪个班学习？
Nǐ zài nǎ ge bān xuéxí?

C：在１０３班。
Zài yāo líng sān bān.

B：你们的老师是谁？
Nǐmen de lǎoshī shì shéi?

C：我们的老师是林老师。
Wǒmen de lǎoshī shì Lín lǎoshī.

二 生词 Shēngcí ● New Words

1. 语言	（名）	yǔyán	language
2. 大学	（名）	dàxué	university
3. 怎么样	（代）	zěnmeyàng	how; what about
4. 觉得	（动）	juéde	to feel; to think
5. 语法	（名）	yǔfǎ	grammar
6. 听	（动）	tīng	to listen
7. 和	（连）	hé	and

8.	比较	（副、动）	bǐjiào	relatively; to compare
9.	容易	（形）	róngyì	easy
10.	读	（动）	dú	to read
11.	写	（动）	xiě	to write
12.	但是	（连）	dànshì	but
13.	给	（介）	gěi	to; for
14.	新	（形）	xīn	new
15.	同学	（名）	tóngxué	classmate; schoolmate
16.	同屋	（名）	tóngwū	roommate
17.	班	（名）	bān	class

专名 Zhuānmíng Proper Names

1.	北京语言大学	Běijīng Yǔyán Dàxué	Beijing Language and Culture University
2.	林	Lín	Lin (a family name of Chinese)

三 语法 yǔfǎ Grammar

（一）怎么问（2）　疑问代词

Interrogation (2): questions with interrogative pronouns

用疑问代词"谁"、"什么"、"哪"、"哪儿（哪里）"、"怎么"、"怎么样"、"几"、"多少"等来询问某一具体事物或数量。

Questions with interrogative pronouns, sometimes called wh-questions, refer to the questions with "who", "what", "where", "how", "how many", etc. This type of sentences is used to ask for some specific information.

（1）A：你住哪儿？

　　B：我住语言大学十楼。

(2) A：你是哪国人？
    B：我是加拿大人。
(3) A：谁叫玛丽？
    B：我叫玛丽。
(4) A：你们的老师是谁？
    B：我们的老师是林老师。
(5) A：你学习什么？
    B：我学习汉语。
(6) A：你觉得这个大学怎么样？
    B：我觉得这个大学很好。

注意：除了用"陈述句＋吗"提问的疑问句外，别的问句句尾不能再加"吗"。不说：＊你是哪国人吗？

Note：Interrogative sentences cannot take "吗" at the end except those formed with "declarative sentences ＋吗". For example, it is wrong to say "你是哪国人吗？"

(二) 定语和结构助词"的" The attributive and the structural particle "的"

名词或名词性词组的修饰语叫定语。定语的作用是修饰和限定。定语在词组中放在名词前边，在句子中要放在句子主语或宾语前边。例如：

The modifiers of nouns and nominal phrases are called attributes. The function of an attribute is to modify and define. In a phrase the attribute is placed in front of the noun; in a sentence before the subject or the object, e. g.

(1) 他们的老师   我的同屋   玛丽的同学
(2) A：谁是你的老师？
    B：我的老师是王老师。
(3) 她是玛丽的同学。
(4) 这是图书馆的书。

结构助词"的"要放在定语后边，是定语的形式标志。例如：
The structural particle "的" is placed immediately after the attribute.

It is the formal indicator of the attribute.

① 名词或代词作定语，表示限定和修饰所有、所属关系时，要加"的"。例如：

When a noun or pronoun is used as an attribute to define, or to show possession and subordination, the particle "的" is added, e. g.

我的书　他的词典　老师的本子　图书馆的书　我们的老师

② 形容词词组（很+形容词）作定语时，定语前要加"的"，例如：

When an adjectival phrase (very + adj.) is used as the attribute, the particle "的" is added, e. g.

很好的同学　　很好的老师　　很旧的词典　　很新的本子

③ 有时候，定语与中心语之间不用结构助词"的"，例如：

Sometimes the structural particle "的" is not added between the attribute and the centre-word, e. g.

男同学　　　女同学　　　中文书　　　世界地图

(三) 介词"在"和"给"　The preposition "在" and "给"

介词"在"加上处所词放在谓语动词前面，表示动作行为发生的地点。例如：

The preposition "在" together with a location word and placed before a predicate verb, tells the place where an act occurred, e. g.

(1) 我在北京语言大学学习。

(2) 他在十楼住。

介词"给"表示动作行为的对象或受益者。例如：

The preposition "给" indicates the receiver or benificiary of an action, e. g.

(1) 给你介绍一下，这是我同屋。

(2) 下午，她给妈妈打电话。

四 语音 Yǔyīn ● Phonetics

(一) 句重音 (2)　The sentence stress (2)

❶ 定语一般要重读，而结构助词"的"永远要轻读。例如：

Attributes are usually stressed while the structural particle is never stressed, e. g.

> 王老师是'我们的老师。
> 那是'我的英文书。

❷ 介宾词组作状语，动词后又有宾语时，介词的宾语和动词的宾语都要重读，介词轻读。例如：

When a preposition-object phrase functions as an attribute, and the verb takes an object, both objects are stressed, e. g.

> 我在'语言大学学习'汉语。
> 我给'你们介绍一个'朋友。

(二) 语调 (2)　Intonation (2)

特指问句，句调较高，疑问代词重读，句尾读降调。例如：

The pitch for wh-questions is relatively high; the interrogative pronouns are stressed and the falling tone is used at the end of the sentence.

> 你学习'什么？↑
> 我学习'汉语。↓

五 练习 Liànxí Exercises

1 语音 Phonetics

(1) 辨音辨调 Pronunciations and tones

tóngwū	dòngwù	dàxué	dà xuě
juéde	quēdiǎn	yǔyán	yùyán
bǐjiào	bìyào	yǔfǎ	yī fǎ
bàngōng lóu	jiàoxué lóu	gōngyù lóu	sùshè lóu

(2) 朗读 Read out the following phrases

什么名字	什么老师	吃什么	喝什么
身体怎么样	学习怎么样	爸爸怎么样	妈妈怎么样
谁的书	谁的老师	谁的词典	谁的英文杂志
老师的书	玛丽的老师	麦克的词典	我的英文杂志
学习什么	学习语言	学习汉语	学习英语
在中国	在北京	在学校	在语言大学
男同学	女同学	男老师	女老师
中文书	法文书	日文杂志	韩文杂志
新同学	老同学	新杂志	旧杂志
很多人	很多同学	很多老师	很多钱
我妈妈	他哥哥	你弟弟	我们学校

2 替换　Substitution exercises

> **补充生词**　Supplementary words
>
> 1. 文学　　　wénxué　　　literature
> 2. 历史　　　lìshǐ　　　　history
> 3. 法律　　　fǎlǜ　　　　law
> 4. 经济　　　jīngjì　　　　economics
> 5. 认识　　　rènshí　　　to know
> 6. 旧　　　　jiù　　　　　old（as opp. to new）
> 7. 老　　　　lǎo　　　　old（as opp. to young）

(1) A：你学习什么？
　　B：我<u>学习汉语</u>。

英语	法语
文学	法律
历史	经济

(2) A：你们的老师是谁？
　　B：我们的老师是<u>王</u>老师。

张 Zhāng	方 Fāng
谢 Xiè	高 Gāo
黄 Huáng	叶 Yè

(3) A：你在哪儿学习？
　　B：我也在语言大学学习。

| 你们 | 他 | 他们 |
| 玛丽 | 麦克 | 张东 |

(4) A：语言大学怎么样？
　　B：很好。

| 这个学校 | 你们的老师 |
| 爸爸的身体 | 她的学习 |

(5) A：你觉得学习汉语难吗？
　　B：我觉得不太难。

发音	语法
听说	读写
写汉字	

3 选词填空 Choose the right words to fill in the blanks

比较　班　谁　听　觉得　介绍　新　的　说　怎么样

(1) 我们在201＿＿＿＿学习汉语。
(2) 我＿＿＿＿汉语的发音比较难。
(3) 我＿＿＿＿，你们＿＿＿＿。
(4) 你是哪个大学＿＿＿＿学生？
(5) ＿＿＿＿是你们的老师？
(6) 你觉得汉语的语法＿＿＿＿？我觉得＿＿＿＿难。

(7) 我给你们_____一下儿，这是我们班的_____同学。

④ 在适当的位置加上"的" Supply "的" in the proper place

(1) 这是谁汉语书？
(2) 这是我妈妈书。
(3) 你是哪个大学学生？
(4) 他们都是很好人。
(5) 玛丽老师是王老师。
(6) 这是我爸爸汉语词典。

⑤ 根据划线部分用疑问代词提问

Use interrogative pronouns to ask questions about the underlined parts

例：我叫<u>玛丽</u>。→ 你叫什么名字？

(1) <u>王老师</u>是我的老师。　→_____
(2) 他的老师是<u>林</u>老师。　→_____
(3) 我是<u>加拿大</u>人。　→_____
(4) 我们学习<u>汉语</u>。　→_____
(5) 我在<u>北京大学</u>学习。　→_____
(6) 我住<u>十</u>楼。　→_____
(7) 我觉得汉语的语法<u>不太难</u>。→_____
(8) <u>五块五</u>一个。　→_____

⑥ 组句 Construct sentences

例：老师　我们　是　王老师　的
　→ 我们的老师是王老师。/（王老师是我们的老师。）

(1) 都　汉语　留学生　学习　→_____

(2) 你 韩国 吗 是 人 →＿＿＿＿＿＿＿＿＿＿
(3) 什么 他 名字 叫 →＿＿＿＿＿＿＿＿＿＿
(4) 是 国 麦克 哪 留学生 →＿＿＿＿＿＿＿＿＿＿
(5) 你 住 也 八楼 吗 →＿＿＿＿＿＿＿＿＿＿
(6) 是 你们 谁 老师 的 →＿＿＿＿＿＿＿＿＿＿

7 完成会话　Complete the dialogues

A：＿＿＿＿＿＿＿＿＿＿＿＿＿＿＿？
B：我叫张东。
A：＿＿＿＿＿＿＿＿＿＿＿＿＿＿＿？
B：我是中国学生。
A：＿＿＿＿＿＿＿＿＿＿＿＿＿＿＿？
B：我学习英语。
A：＿＿＿＿＿＿＿＿＿＿＿＿＿＿＿？
B：她是田芳。
A：＿＿＿＿＿＿＿＿＿＿＿＿＿＿＿？
B：她住五楼。
A：＿＿＿＿＿＿＿＿＿＿＿＿＿＿＿？
B：白老师是我们的老师。

8 成段表达　Express yourself

　　我叫＿＿＿＿，是＿＿＿＿国留学生。她叫＿＿＿＿，也是留学生。她是我的同班同学。我们都在＿＿＿＿大学学习汉语。我们的老师是王老师。他是个很好的老师。

　　这是张东，她是田芳，张东和田芳不是留学生，他们是中国学生，他们都学习英语。我们都是＿＿＿＿大学的学生。认识他们我很高兴。我们是同学，也是好朋友。

9 写汉字 Learn to write

言	丶	亠	䒑	宇	言			
语	丶	讠	汁	语	语	语		
怎	丿	亇	竹	乍	乍	怎	怎	怎
么	丿	厶	么					
样	一	十	才	木	术	栏	栏	样	样
法	丶	氵	氵	汢	法	法		
同	丨	冂	冋	同				
比	一	比	比	比				
觉	丶	丷	业	㣺	学	常	觉	觉
得	丿	彳	彳	彳	得	得	得	得	得
听	口	吖	听	听	听			
说	丶	讠	讠	说	说	说		
读	丶	讠	计	诶	诶	读	读	读
写	丶	冖	写	写	写			

Lesson 13

Dì shísān kè	Zhè shì bu shì zhōngyào
第十三课	这是不是中药

一 课文 Kèwén ● Text

（一）这个黑箱子很重

（在机场　At an airport）

A：你没有箱子吗？
　　Nǐ méiyǒu xiāngzi ma?

B：有啊。我的在这儿呢。
　　Yǒu a. Wǒ de zài zhèr ne.

A：我的很重，你的重不重？
　　Wǒ de hěn zhòng, nǐ de zhòng bu zhòng?

B：这个黑的很重，那个红的比较轻。
　　Zhè ge hēi de hěn zhòng, nà ge hóng de bǐjiào qīng.

A：你的箱子很新，我的很旧。
　　Nǐ de xiāngzi hěn xīn, wǒ de hěn jiù.

B：那个新的是朋友的。这个旧的是我的。
　　Nà ge xīn de shì péngyou de. Zhè ge jiù de shì wǒ de.

（二）这是不是中药

（在海关 At a customs）

A：先生，这些黑的是什么东西？
　　Xiānsheng, zhèxiē hēi de shì shénme dōngxi?

B：这是一些药。
　　Zhè shì yìxiē yào.

A：什么药？
　　Shénme yào?

B：中药。
　　Zhōngyào.

A：这是不是药？
　　Zhè shì bu shì yào?

B：这不是药，这是茶叶。
　　Zhè bú shì yào, zhè shì cháyè.

A：那个箱子里是什么？
　　Nà ge xiāngzi li shì shénme?

B：都是日用品。有两件衣服、一把雨伞和一瓶香水，还有一本书、一本词典、两张光盘和三支笔。
　　Dōu shì rìyòngpǐn. Yǒu liǎng jiàn yīfu, yì bǎ yǔsǎn hé yì píng xiāngshuǐ, hái yǒu yì běn shū, yì běn cídiǎn, liǎng zhāng guāngpán hé sān zhī bǐ.

二 生词 Shēngcí ● New Words

1. 没(有)   (动、副)   méi (yǒu)   have not; not yet; did not
2. 箱子   (名)   xiāngzi   box; case; trunk
3. 有   (动)   yǒu   to have; there be
4. 这儿   (代)   zhèr   here
5. 重   (形)   zhòng   heavy
6. 黑   (形)   hēi   black
7. 红   (形)   hóng   red
8. 轻   (形)   qīng   light
9. 旧   (形)   jiù   old; used
10. 药   (名)   yào   medicine; drug
11. 中药   (名)   zhōngyào   Chinese medicine
    西药   (名)   xīyào   Western medicine
12. 茶叶   (名)   cháyè   tea leaves
13. 里   (名)   lǐ   inside
14. 日用品   (名)   rìyòngpǐn   daily necessities
15. 件   (量)   jiàn   (classifier) article; piece
16. 衣服   (名)   yīfu   clothes
17. 把   (量)   bǎ   (a classifier used for a tool with a handle)
18. 雨伞   (名)   yǔsǎn   umbrella
    雨   (名)   yǔ   rain
19. 瓶   (名、量)   píng   bottle
20. 香水   (名)   xiāngshuǐ   perfume
    水   (名)   shuǐ   water
21. 本   (量)   běn   (a classifier for books)

22. 词典	（名）	cídiǎn	dictionary
23. 张	（量）	zhāng	piece; sheet (for paper, drawings, etc.)
24. 光盘	（名）	guāngpán	CD; VCD; DVD
25. 支	（量）	zhī	(a classifier for pen, pencil, etc.)
26. 笔	（名）	bǐ	pen; pencil; writing brush

三 注释 Zhùshì Notes

这是一些药

量词"些"表示不定的数量，常用在"一"、"哪"、"这"、"那"等词后边。例如：

The classifier "些" indicates an uncertain amount; it is often used after "一", "哪", "这", "那", etc. Examples:

一些人　　一些书　　哪些书　　这些东西

注意：量词"些"只和数词"一"连用，不能和别的数词结合。

Note: The classifier "些" can only be used with "一". It does not collocate with other numerals.

四 语法 Yǔfǎ Grammar

（一）怎么描写和评价：形容词谓语句　How to describe and make judgements: sentence with an adjective as the predicate

形容词作谓语常用来对事物进行描述和评价。例如：

When an adjective functions as the predicate of a sentence, we call it a sentence with an adjective predicate. This type of sentences are used to describe or evaluate someone, something, or a state of affairs.

(1) 这个箱子很重。

(2) 汉字很难。

否定式（negative form）："不" +形容词

(3) 我不忙。

(4) 汉语不太难。

(5) 那个箱子不重。

这种句子的主语与谓语之间不加"是"。

In a sentence with an adjectival predicate, "是" can not be inserted between the subject and the predicate.

不说：＊我是很忙。

＊我们老师是很好。

形容词前面一般要带副词，如不带副词，句子的意思将不再具有描述功能而带有比较的意味。例如：

Adjectives in such sentences usually take an adverb before them. If they don't have an adverb, the meanings of the sentences will not be descriptive. Rather, they may imply a sense of comparison. Examples：

(1) 这个汉字很难。

(2) 这个汉字难，（那个汉字不难。）

(3) 这个箱子重，（那个箱子轻。）

(二) 怎么问 (3)：正反问句 Interrogation (3)：the affirmative-negative question

把谓语主要成分的肯定式与否定式并列起来即构成正反问句。例如：

An affirmative-negative question is one in which the affirmative and negative forms of the main element of the predicate are paralleled, e. g.

(1) A：他是不是老师？/他是老师不是？

B：是。/不是。

(2) A：你去不去？/你去不去银行？/你去银行不去？

B：去。/不去。

(3) A：你忙不忙？

B：很忙。/不忙。

(三)"的"字词组　"的"-phrase

"的"字词组是由"的"字附在名词、代词、形容词、动词等实词或词组后边组成的,其作用相当于名词,可以充当名词能充当的句子成分。例如:

"的" -phrase is formed by attaching the particle "的" to a noun, pronoun, adjective, verb or phrase. Its grammatical functions are equal to those of nouns, e.g.

(1) A:这些箱子是谁的?

　　B:新的是朋友的,旧的是我的。

(2) A:这是谁的书?

　　B:我爸爸的。

五　语音 Yǔyīn ● Phonetics

(一) 词重音 (3)　Word stress (3)

多音节词的词重音多数在最后一个音节上。例如:

The stress in a multisyllablic word mostly falls on the last syllable, e.g.

| 汉语学院 | 英语词典 | 中国地图 |

(二) 语调 (3)　Intonations (3)

正反问句,句调较高,肯定式重读,否定式轻读,句尾读降调。例如:

The pitch in an affirmative-negative questions is relatively high.

The affirmative part is stressed; the negative part unstressed. The falling tone is used at the end of the sentence.

这'是不是中药?↓

你'去不去邮局?↓

你'吃不吃饺子?↓

六 练习 Liànxí ● Exercises

1 语音 Phonetics

(1) 辨音辨调 Pronunciations and tones

zhōngyào	zhòngyào	xiāngzi	xiàngzhǐ
cídiǎn	zìdiǎn	nǎr	nàr
yīfu	yùfù	yǔsǎn	yì shǎn

(2) 多音节连读 Multisyllablic liaison

| rìyòngpǐn | bìxūpǐn | gōngyìpǐn |
| yìnshuāpǐn | zhǎnlǎnpǐn | huàzhuāngpǐn |

(3) 朗读 Read out the following phrases

一件衣服	一张光盘	一把雨伞	一个本子
一瓶香水	一支笔	一本书	一本词典
谁的包	谁的报纸	谁的书	谁的药
谁的笔	谁的光盘	谁的地图	什么词典
我的	他的	老师的	留学生的
新的	旧的	黑的	红的
有没有	是不是	吃不吃	喝不喝
听不听	说不说	读不读	写不写
买不买词典	要不要米饭	在不在家	换不换人民币
词典好不好	箱子重不重	汉字难不难	学习忙不忙
学习不学习	欢迎不欢迎	知道不知道	工作不工作

2 替换 Substitution exercises

补充生词 Supplementary words

1. 包　　　　bāo　　　　bag
2. 圆珠笔　　yuánzhūbǐ　ball-pen
3. 铅笔　　　qiānbǐ　　　pencil

4. 报纸	bàozhǐ	newspaper
5. 地图	dìtú	map
6. 椅子	yǐzi	chair
7. 冰淇淋	bīngqílín	ice cream
8. 厕所/洗手间	cèsuǒ/xǐshǒujiān	toilet; W. C.; lavatory

(1) A：这是什么？

　　B：这是<u>药</u>。

　　A：这是什么药？

　　B：<u>中药</u>。（这是<u>中药</u>。）

茶叶	中国茶叶
词典	汉英词典
光盘	英语光盘
杂志	中文杂志
地图	中国地图

(2) A：你有没有<u>箱子</u>？

　　B：有。

　　A：你的<u>箱子重</u>不重？

　　B：很重。

中文书	新
词典	好
中文光盘	多
雨伞	新

(3) A：这个箱子是谁的？
　　B：是我的。
　　A：那个是不是你的？
　　B：不是。

本	书
把	椅子
件	衣服
瓶	香水
支	笔
把	雨伞

(4) A：这些是不是药？
　　B：不是。（这些不是药。）

茶叶	酒	词典
光盘	地图	报纸

(5) A：你去不去银行？
　　B：去。

去	食堂
吃	包子
喝	啤酒
买	汉语词典
要	杂志
学	英语

(6) A：你买苹果不买？

　　B：不买，我买橘子。

书	词典
报	地图
圆珠笔	铅笔
杂志	报纸
酒	茶叶

3 选择量词填空 Choose the right classifiers to fill in the blanks

瓶　把　本　支　盒　个　位　张　件

(1) 一_____雨伞　　(2) 两_____香水　　(3) 三_____老师

(4) 四_____箱子　　(5) 五_____书　　　(6) 六_____光盘

(7) 七_____词典　　(8) 八_____笔　　　(9) 十_____衣服

4 把括号里的词填入适当位置 Put the words in the brackets in the proper places

(1) A 这些 B 是书，那些 C 都 D 是书。　　　　　　　　　（也）

(2) A 我们 B 是 C 留学生。　　　　　　　　　　　　　　（都）

(3) 我 A 住十楼，B 她 C 住 D 十楼。　　　　　　　　　　（也）

(4) 她爸爸 A 是中国人，B 她妈妈 C 是 D 中国人。　　　　（也）

(5) 她 A 学习汉语，我也 B 学习汉语，C 我们 D 学习汉语。（都）

(6) 我 A 买书，B 买 C 两张 D 光盘。　　　　　　　　　　（还）

5 回答问题 Answer the questions

例：A：你去不去银行？

　　B：我不去银行。

(1) 你去不去洗手间？
　　_____

(2) 你回不回宿舍？
　　_____

(3) 你有没有大箱子？
　　_____

(4) 你的箱子重不重？
　　_____

(5) 你要不要杂志？
　　_____

(6) 你的车新不新？
　　_____

(7) 你吃不吃面包？
　　_____

(8) 你喝不喝啤酒？
　　_____

6 完成会话 Complete the dialogues

例：A：你写汉字不写？
　　B：我不写汉字。

(1) A：_____？
　　B：这是我的本子。

(2) A：_____？
　　B：我不去洗手间。

(3) A：_____？
　　B：我要茶。

(4) A：_____？
　　B：我买冰淇淋。

（5）A：_____？

　　B：她不喝鸡蛋汤。

（6）A：_____？

　　B：我不买光盘。

（7）A：_____？

　　B：我有手机。

（8）A：_____？

　　B：我的手机不新。

7 根据划线部分用疑问代词提问

Use interrogative pronouns to ask questions about the underlined parts

例：王老师是我们的老师。→ 谁是你们的老师？

（1）玛丽是我的朋友。

　　_____

（2）张东是白老师的学生。

　　_____

（3）那个箱子很重。

　　_____

（4）他是我们大学的校长。

　　_____

（5）那是中药。

　　_____

（6）这是英汉词典。

　　_____

（7）这是汉语书。

　　_____

（8）这些都是英文书。

　　_____

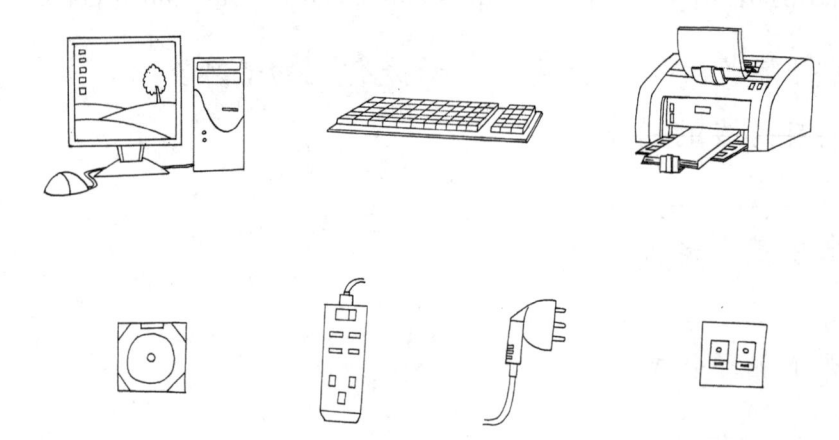

(9) 我喝<u>茶</u>。
　　_____

(10) 她住<u>二十六</u>楼。
　　_____

8 看图说话　Describe the pictures

> 例：A：这是什么？
> 　　B：这是电脑。
> 　　A：那是什么？
> 　　B：那是光盘。

电脑 diànnǎo computer	主机 zhǔjī processor	显示器 xiǎnshìqì screen	键盘 jiànpán keyboard	开关 kāiguān switch
鼠标 shǔbiāo mouse	光盘 guāngpán disk	插头 chātóu plug	插座 chāzuò socket	打印机 dǎyìnjī printer

9 写汉字 Learn to write

有	一	ナ	冇	有							
词	丶	讠	讠	诃	词	词					
雨	一	丆	币	币	雨	雨	雨				
伞	人	人	个	伞	伞						
衣	丶	一	亠	才	衣	衣					
服	月	那	服	服							
东	一	士	东								
西	一	厂	兀	两	两	西					
新	丶	亠	立	立	辛	亲	亲	新			
旧	丨	旧									
团	丨	冂	用	团							
件	亻	仁	件	件							
水	丨	刂	水	水							
红	纟	纟	红								
笔	丿	𠂉	𠂉	𠂉	竹	竺	竺	笔	笔	笔	

Lesson 14

Dì shísì kè 第十四课
Nǐ de chē shì xīn de háishi jiù de
你的车是新的还是旧的

一 课文 Kèwén ● Text

（一）您身体好吗

关 经理： 王 老师，好久 不 见 了。
Guān jīnglǐ: Wáng lǎoshī, hǎojiǔ bú jiàn le.

王 老师： 啊！关 经理，欢迎，欢迎！
Wáng lǎoshī: À! Guān jīnglǐ, huānyíng, huānyíng!

关 经理： 您身体 好 吗？
Guān jīnglǐ: Nín shēntǐ hǎo ma?

王 老师： 很 好。您身体 怎么样？
Wáng lǎoshī: Hěn hǎo. Nín shēntǐ zěnmeyàng?

关 经理： 马马虎虎。
Guān jīnglǐ: Mǎmahūhū.

王 老师： 最近 工作 忙 不 忙？
Wáng lǎoshī: Zuìjìn gōngzuò máng bu máng?

关 经理: 不太忙，您呢？
Guān jīnglǐ: Bú tài máng, nín ne?

王 老师: 刚开学，有点儿忙。喝点儿什么？
Wáng lǎoshī: Gāng kāi xué, yǒudiǎnr máng. Hē diǎnr shénme?
茶还是咖啡？
Chá háishi kāfēi?

关 经理: 喝杯茶吧！
Guān jīnglǐ: Hē bēi chá ba!

（二）你的自行车是新的还是旧的

（楼下的自行车很多，下课后，田芳找自行车……

There were too many bicycles outsides the building, Fang Tian was looking for her bicycle after class...）

田 芳: 我的车呢？
Tián Fāng: Wǒ de chē ne?

张 东: 你的车是什么颜色的？
Zhāng Dōng: Nǐ de chē shì shénme yánsè de?

田 芳: 蓝的。
Tián Fāng: Lán de.

张 东: 是新的还是旧的？
Zhāng Dōng: Shì xīn de háishi jiù de?

田 芳: 新的。
Tián Fāng: Xīn de.

张 东: 那辆蓝的是不是你的？
Zhāng Dōng: Nà liàng lán de shì bu shì nǐ de?

田　芳： 哪辆？
Tián Fāng: Nǎ liàng?

张　东： 那辆。
Zhāng Dōng: Nà liàng.

田　芳： 不是。……啊，我的车在那儿呢。
Tián Fāng: Bú shì. ……À, wǒ de chē zài nàr ne.

二 生词 Shēngcí ● New Words

1.	经理	（名）	jīnglǐ	manager
2.	好久	（名）	hǎojiǔ	(for) a long time
3.	啊	（叹）	à	(expressing sudden realization)
4.	马马虎虎	（形）	mǎmahūhū	so so
5.	最近	（名）	zuìjìn	recently; in the near future
6.	刚	（副）	gāng	just now; a short while ago
7.	开学		kāi xué	term begins
	开	（动）	kāi	to begin; to open
8.	有（一）点儿		yǒu(yì)diǎnr	a little; slightly
	点儿	（量）	diǎnr	(classifier) a little
9.	还是	（连）	háishi	or
10.	咖啡	（名）	kāfēi	coffee
11.	杯	（名）	bēi	cup
12.	车	（名）	chē	vehicle (bicycle, car, etc.)
	自行车	（名）	zìxíngchē	bicycle
	汽车	（名）	qìchē	auto; car; bus

摩托车	（名）	mótuōchē	motorcycle；scooter
出租车	（名）	chūzūchē	taxi
13. 颜色	（名）	yánsè	color
14. 蓝	（形）	lán	blue
15. 辆	（量）	liàng	(a classifier for vehicles)

专名 Zhuānmíng **Proper Name**

| 关 | Guān | Guan (a family name of Chinese) |

三 注释 Zhùshì ● Notes

(一) 有(一)点儿忙 a little (too) busy

"有（一）点儿"，表示稍微、略微的意思（多用于不如意的事情）

"有（一）点儿" means "slightly" (mostly used to refer to something unpleasant.)

(1) 我最近有（一）点儿忙。I have been a little (too) busy recently.

(2) 这个箱子有（一）点儿大。This box is a little (too) big.

(二) 啊，在那儿呢。 Ah, there it is!

叹词"啊"的声调不同，表达的意思不同。读第四声时表示"明白了、知道了"的意思。例如：

The meaning of the interjection "啊" ("ah") varies with the change of its tones. When pronounced in the 4th tone it means "I see" or "Now I understand". For example,

啊，知道了。(Ah, I see!)

语气助词"呢"用在陈述句的末尾，表示确认。

The modal particle "呢" is used at the end of an indicative sentence to indicate confirmation.

四 语法 Yǔfǎ ● Grammar

（一）主谓谓语句（1）　　The sentence with S-P phrase as the predicate（1）

主谓词组作谓语，说明或描写主语的句子叫主语谓语句。例如：

When a subject-predicate phrase functions as the predicate of the sentence and explains or describes the subject, the sentence is called a sentence with a subject-predicate phrase as the predicate, e.g.

(1) A：你身体怎么样？
　　B：我身体很好。

(2) A：她工作忙不忙？
　　B：她工作不忙。

大主语 (S)	谓　语（P）	
	主　语（S'）	谓　语（P'）
我	身体	很　　好。
她	工作	很　　忙。

（二）怎么问（4）　　选择问句：……还是……？

Interrogation（4）　　Alternative questions："... or...?"

估计答案有两种以上的可能性时用选择疑问句提问。例如：

If there are two or more possibilities for an answer, we use alternative questions, e.g.

(1) A：你的车是新的还是旧的？
　　B：我的车是新的。

(2) A：你今天去还是明天去？
　　B：我明天去。

(3) A：你喝点儿什么，茶还是咖啡？

　　B：喝点儿茶吧。

(三) 怎么问 (5)：省略问句："……呢？"

Interrogation (5): elliptical questions with "…呢？"

省略问句有两种用法：

The usage of elliptical questions：

1. 在没有上下文的情况下，问的是处所。例如：

Without a specific context it refers to the whereabouts of someone or something, e.g.

(1) 我的书呢？　　（＝我的书在哪儿？）

(2) 我的自行车呢？　（＝我的自行车在哪儿？）

2. 有上下文时，语义要根据上下文判定。例如：

If there is a context, the reference is dependent on the context, e.g.

(1) A：这是谁的包？

　　B：我的。

　　A：那个呢？（那个包是谁的？）

　　B：我朋友的。

(2) A：你是哪国人？

　　B：我是英国人。你呢？（＝你是哪国人？）

　　A：我是日本人。

(3) A：最近工作忙不忙？

　　B：不太忙，您呢？（＝您忙吗？）

五 语音 Yǔyīn ● Phonetics

(一) 选择问句的语调　The tones of the alternative questions

选择问句的语调较高，语速慢，供选择的部分重读，连词"还是"轻读，"还是"前读升调，"还是"后读降调。例如：

The pitch for the alternative questions is relatively high, and the speed slow. The parts for alternation are stressed. The conjunction "还是" is unstressed. The rising tone is used before "还是"; the falling is used after it, e. g.

> 你的车是′新的还是′旧的？↓
> 你′今天去还是′明天去？↓

（二）省略问句的语调 The tones of the elliptical questions

用"呢"的省略问句，"呢"前的单音节词要重读，句尾读降调。例如：

In elliptical questions with "呢", all monosyllabic words are stressed before "呢". The falling tone is used at the end of the sentence, e. g.

> ′笔呢？
> 我去银行，′你呢？

六 练习 Liànxí ● Exercises

1 语音 Phonetics

(1) 辨音辨调 Pronunciations and tones

gōngzuò	dòngzuò	qìchē	qí chē
háishi	háizi	zuìjìn	shuǐjīn
yánsè	yǎnsè	huòzhě	huǒchē

(2) 多音节连读 Multisyllabic liaison

| zìxíngchē | chūzūchē | jípǔchē | mótuōchē |
| gōnggòng qìchē | wúguǐ diànchē | qīngguǐ diànchē | |

(3) 朗读 Read out the following phrases

新书　新车　新词典　新地图　新毛衣　新雨伞
旧书　旧车　旧词典　旧地图　旧毛衣　旧雨伞

有点儿大　　　有点儿小　　　有点儿重　　　有点儿轻
有点儿贵　　　有点儿难　　　有点儿多　　　有点儿少

2 替换　　Substitution exercises

补充生词　Supplementary words

1. 累　　　lèi　　　　　tired
2. 困　　　kùn　　　　sleepy
3. 饿　　　è　　　　　hungry
4. 冷　　　lěng　　　　cold
5. 渴　　　kě　　　　　thirsty
6. 衬衣　　chènyī　　　shirt
7. 毛衣　　máoyī　　　woolen sweater
8. 黄　　　huáng　　　yellow
9. 灰　　　huī　　　　grey
10. 绿　　　lǜ　　　　　green
11. 照相机　zhàoxiàngjī　camera

(1) A：你身体怎么样？
　　B：很好。(我身体很好。)

| 她 | 爸爸 | 妈妈 |
| 王老师 | 你妈妈 | 我朋友 |

(2) A：忙不忙？
　　B：很忙。(我很忙。)

| 累 | 困 | 饿 |
| 冷 | 渴 | |

(3) A：你的<u>自行车</u>是什么颜色的？
　　B：<u>蓝</u>的。（我的<u>自行车</u>是<u>蓝</u>的。）

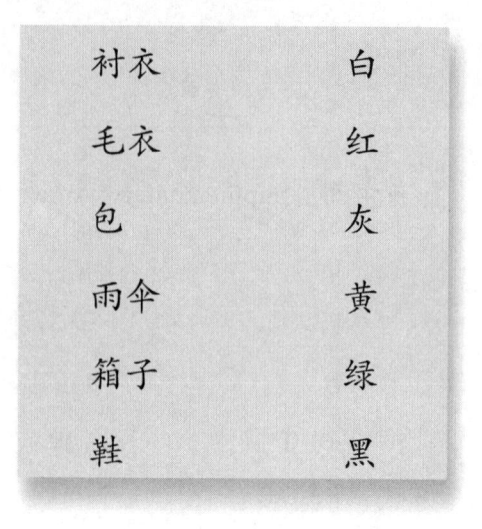

衬衣	白
毛衣	红
包	灰
雨伞	黄
箱子	绿
鞋	黑

(4) A：你的<u>车</u>是<u>新</u>的还是<u>旧</u>的？
　　B：<u>新</u>的。（我的<u>车</u>是<u>新</u>的。）

| 包 | 词典 | 箱子 |
| 本子 | 照相机 | 书 |

(5) A：你<u>喝　茶</u>还是<u>喝　咖啡</u>？
　　B：<u>咖啡</u>。

吃 米饭	吃 馒头
喝 啤酒	喝 水
去 邮局	去 银行
买 苹果	买 橘子
买 杂志	买 报纸

3 提问　Ask questions

用"还是"提问　questions with "还是"
例：你买苹果还是买橘子？

(1) 去银行　　去邮局
_____

(2) 蓝自行车　黑自行车
_____

(3) 喝水　　　喝啤酒
_____

(4) 学习英语　学习法语
_____

(5) 是学生　　是老师
_____

(6) 新照相机　旧照相机
_____

用"……呢"提问　questions with "…呢"
例：A：我喝茶，你呢？
　　B：我也喝茶。

(1) A：麦克是美国人，_____？
　　B：玛丽是英国人。

(2) A：这是我的词典，_____？
　　B：我的在这儿呢。

(3) A：田芳学习英语，_____？
　　B：张东也学习英语。

(4) A：我骑车去学校，_____？
　　B：我也骑车去。

(5) A：这些是中药，_____？
　　B：那些是酒。

· 133 ·

(6) A：我的车是蓝的。_____？
　　B：黑的。

4 组句　Construct sentences

例：他　日本　是　韩国　学生　还是
→ 他是日本学生还是韩国学生？

(1) 你的　蓝的　车　是还是　红的
→ _____

(2) 这辆　车　是　还是　你的　田芳的
→ _____

(3) 张东　日语　英语　学习　还是
→ _____

(4) 还是　他的　自行车　旧的　新的　是
→ _____

(5) 你　喝　茶　咖啡　喝　还是
→ _____

5 按照例句作练习　Rephrase the sentences after the model given

例：这是我的箱子。→这个箱子是我的。

(1) 这是一件红毛衣。
→ _____

(2) 这是王老师的书。
→ _____

(3) 这是一本法文词典。
→ _____

（4）这是一辆新车。

　　　→_____

（5）那是田芳的手机。

　　　→_____

（6）这是一个旧照相机。

　　　→_____

6 成段表达 Express yourself

（1）教学楼前边的自行车很多。田芳下课后要找自己的自行车。田芳的自行车是新的。张东问她，你的自行车是什么颜色的？田芳说是蓝的。张东说，那辆蓝车是不是你的？田芳说，我的自行车是新的，不是旧的，那辆不是我的。忽然，田芳看见了自己的自行车，她说，啊，我的自行车在那儿呢。

（2）我也有一辆自行车，但不是蓝的，是黑的。我的车不新，是一辆旧车。它不是我买的，是一个朋友送的。这辆车不好看，但是很轻，很好骑，我每天骑车来学校。

补充生词 Supplementary words

1.	忽然	hūrán	suddenly
2.	看见	kànjiàn	to see
3.	它	tā	it
4.	送	sòng	to give as a present; to give
5.	好看	hǎokàn	good-looking; pretty
6.	好骑	hǎo qí	easy to ride
	骑	qí	to ride (an animal or bicycle)
7.	每天	měi tiān	everyday
8.	来	lái	to come

7 写汉字 Learn to write

刚	丨	冂	冈	冈	刚			
近	ノ	厂	斤	斤	沂	近	近	
欢	丆	又	对	对	欢	欢		
迎	ノ	㇌	卬	迎	迎	迎		
开	一	二	开	开				
点	丨	卜	上	占	点	点	点	点
儿	丿	儿						
喝	口	吗	吗	吗	喝	喝	喝	喝	喝
自	丿	亻	自	自	自	自		
车	一	左	车	车				
色	ノ	夕	色	色				
蓝	一	十	艹	艹	艹	萨	萨	萨	蓝	蓝

· 136 ·

Lesson 15

Dì shíwǔ kè	Nǐmen gōngsī yǒu duōshao zhíyuán
第十五课	你们 公司 有 多少 职员

一 课文 Kèwén ● Text

（一）你家有几口人

（麦克和玛丽在看照片　Mike and Mary are looking at some photos）

麦 克： 你 家 有 几 口 人？
Màikè： Nǐ jiā yǒu jǐ kǒu rén?

玛 丽： 我 家 有 五 口 人，爸爸、妈妈、哥哥、姐姐
Mǎlì： Wǒ jiā yǒu wǔ kǒu rén, bàba、māma、gēge、jiějie

和 我。
hé wǒ.

麦 克： 你 有 没有 全 家 的
Màikè： Nǐ yǒu méiyǒu quán jiā de

照 片？
zhàopiàn?

玛 丽： 有 一 张。你 看，
Mǎlì： Yǒu yì zhāng. Nǐ kàn,

这 是 我们 全 家 的 照片。你 有 哥哥 姐姐
zhè shì wǒmen quán jiā de zhàopiàn. Nǐ yǒu gēge jiějie

吗？
ma?

麦克: 我 没有 哥哥，也 没有 姐姐，只 有 两 个 弟弟。
Màikè: Wǒ méiyǒu gēge, yě méiyǒu jiějie, zhǐ yǒu liǎng ge dìdi.

玛丽: 你爸爸、妈妈做 什么 工作？
Mǎlì: Nǐ bàba、māma zuò shénme gōngzuò?

麦克: 我 妈妈是 大夫，在 医院 工作，爸爸是 一 家 公司 的 经理。
Màikè: Wǒ māma shì dàifu, zài yīyuàn gōngzuò, bàba shì yì jiā gōngsī de jīnglǐ.

玛丽: 我 妈妈在 商店 工作，爸爸是 律师。
Mǎlì: Wǒ māma zài shāngdiàn gōngzuò, bàba shì lǜshī.

（二）你们公司有多少职员

（王老师和关经理在谈话 Teacher Wang is talking with Manager Guan）

王 老师: 你们 是 一 家 什么 公司？
Wáng lǎoshī: Nǐmen shì yì jiā shénme gōngsī?

关 经理: 是 一 家 外贸 公司。
Guān jīnglǐ: Shì yì jiā wàimào gōngsī.

王 老师: 是 一 家 大 公司 吗？
Wáng lǎoshī: Shì yì jiā dà gōngsī ma?

关 经理: 不 大，是 一 家 比较 小 的 公司。
Guān jīnglǐ: Bú dà, shì yì jiā bǐjiào xiǎo de gōngsī.

王 老师：	有 多少 职员？
Wáng lǎoshī:	Yǒu duōshao zhíyuán?

关 经理：	大概 有 一百 多 个 职员。
Guān jīnglǐ:	Dàgài yǒu yì bǎi duō ge zhíyuán.

王 老师：	都 是 中国 职员 吗？
Wáng lǎoshī:	Dōu shì Zhōngguó zhíyuán ma?

关 经理：	不 都 是 中国 职员，也 有 外国 职员。
Guān jīnglǐ:	Bù dōu shì Zhōngguó zhíyuán, yě yǒu wàiguó zhíyuán.

二 生词 Shēngcí ● New Words

1.	全	（形、副）	quán	whole; all; wholly
2.	照片	（名）	zhàopiàn	photo
3.	看	（动）	kàn	to look at; to watch; to see; to read
4.	姐姐	（名）	jiějie	elder sister
5.	只	（副）	zhǐ	only; just; merely
6.	做	（动）	zuò	to do
7.	大夫	（名）	dàifu	doctor
8.	医院	（名）	yīyuàn	hospital
9.	公司	（名）	gōngsī	company
11.	商店	（名）	shāngdiàn	shop
12.	律师	（名）	lǜshī	lawyer
13.	外贸	（名）	wàimào	foreign trade
14.	小	（形）	xiǎo	small

15. 大概　　（副）　　dàgài　　about; approximately

16. 多　　　（数）　　duō　　　(used after a number) more; over; odd

17. 外国　　（名）　　wàiguó　　foreign

三 注释 Zhùshì ● Notes

（一）我只有两个弟弟。 I have only two brothers.

"二"和"两"都表示"2"，但用法不同。
Both "二" and "两" mean "2", but they are used differently.

两（liǎng）：① 2 + 量词 → 两个、两本、两件、两家
　　　　　　② 2 + 千、万 → 两千、两万

二（èr）：① 1、2、3 → 一、二、三
　　　　　　　第2、2月、2楼 → 第二、二月、二楼
　　　　　② 2 + 十／百 → 二十、二百

（二）一百多个 More than one hundred

数词后边加上"多"，表示比前边数词所表示的数目多。
When "多" is added after a numeral, it indicates the number is rather more than the stated number.

（三）不都是外国职员 Not all (of them) are foreign employees.

"不都是"表示部分否定；而"都不是"表示全部否定。例如：
"不都是" expresses partial negation; "都不是" expresses total negation, e.g.

（三个日本人 + 四个美国人）→ 他们不都是美国人。

（三个日本人 + 四个中国人）→ 他们都不是美国人。

四 语法 Yǔfǎ ● Notes

(一) "有"字句 The "有" sentence

1 表达所有。

肯定式：A + 有 + B；

否定式：A + 没 + 有 + B；

正反疑问句形式：A + 有没有 + B？"

"有" sentence may express possessions.

The affirmative form：A + 有 + B

The negative form：A + 没 + 有 + B

The affirmative-negative form：A + 有没有 + B？

(1) A：你有自行车吗？
　　B：有。

(2) A：你有没有姐姐？
　　B：没有。（我没有姐姐。）

2 表达存在。例如：

"有" sentence may express a state of existence, e. g.

(1) A：你家有几口人？
　　B：我家有五口人。

(2) A：你们公司有多少职员？
　　B：大概有一百多职员。

(二) 称数法　Enumeration

```
  1    2    3    4    5    6    7    8    9   10
 11   12   13   14   15   16   17   18   19   20
 21 ································· 30
    ································· 99   100
```

· 141 ·

100　200　300 …………900

100 × 10 = 1000………… 一千　　yìqiān

1000 × 10 = 1000………… 一万　　yíwàn

108　　　一百零八　　　　　yìbǎi líng bā
110　　　一百一（十）　　　yìbǎi yī（shí)
1018　　 一千零一十八　　　yìqiān líng yīshí bā
1005　　 一千零五　　　　　yìqiān líng wǔ
10000　　一万　　　　　　　yíwàn
10890　　一万零八百九十　　yíwàn líng bābǎi jiǔshí

(三) 询问数量："几"和"多少"　Enquiries about amount："几" and "多少"

询问者估计被问的数量在 1–10 之间时，用"几"；估计在 10 以上或难以估计时用"多少"。例如：

When the amount is estimated to be within 1–10, "几" is used; when it is more than 10, or cannot be estimated, "多少" is used.

A：你吃几个？

B：我吃一个。

A：你换多少？

B：我换五百美元。

这是几个？

这是多少(个)？

(四) 数量词组:"数+量+名" Numeral-classifier compound:"Numeral + classifier + noun"

汉语里数量词作名词的定语,表达事物的数量。每种事物都有相应的计量单位(量词)。例如:

Numeral-classifier compounds are used as attributives of the nouns to indicate the amount of things. Every thing has its corresponding unit of measurement (classifier) in Chinese, e. g.

数 +	量 +	名		
一	位/个	老师	→	一位老师
两	本	书	→	两本书
三	辆	自行车	→	三辆自行车
四	件	毛衣	→	四件毛衣
五	口/个	人	→	五口人
六	张	照片	→	六张照片
七	支	笔	→	七支笔
八	把	椅子	→	八把椅子
九	个	数码相机	→	九个数码相机
十	斤	苹果	→	十斤苹果

五 语音 Yǔyīn ● Phonetics

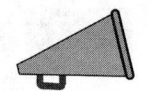

（一）人称代词作定语一般不重读，中心语重读。例如：

Personal pronouns, when used as attributes, are not stressed. The center-words are stressed, e. g.

> 这是我′爸爸。
> 那是她′弟弟。

（二）数量词作定语时，数词（除了"一"以外）要重读，量词轻读。例如：

When a numeral-classifier compound is used as an attribute, the numeral is stressed (with the exception of "一"), and the classifier unstressed, e. g.

> 我有′两个妹妹。
> 我有′三个本子。

"一"和量词作定语时不重读。例如：

"一" and its classifier are unstressed when used as attributives, e. g.

> 他有一个姐姐。

六 练习 Liànxí ● Exercises

1 语音　Phonetics

(1) 辨音辨调　Pronunciations and tones

| yīyuàn | yìyuàn | jīnglǐ | jīnglì |
| lǜshī | lìshǐ | gōngsī | gōngshì |

(2) 多音节连读　Multisyllablic liaison

| zhàoxiàngjī | jìsuànjī | shèxiàngjī | lùxiàngjī |

shōuyīnjī   diànshìjī   diànbīngxiāng   xǐyījī

(3) 词组　Read out the following phrases

有没有词典	有没有车	有没有哥哥	有没有朋友
有汉语词典	有车	有哥哥	有朋友
没有词典	没有车	没有哥哥	没有朋友
在医院工作	在大学学习	在银行换钱	在食堂吃饭
几口人	几个哥哥	几本词典	几张地图
多少(个)人	多少(张)地图	多少(辆)车	多少(本)书
两本书	三辆车	四把椅子	五张照片
二十本书	三十多辆车	五十多把椅子	一百多张照片

2 替换　Substitution exercises

补充生词　Supplementary words

1. 画报　huàbào　pictorial
2. 世界　shìjiè　world
5. 数码相机　shùmǎ xiàngjī　digital camera

(1) A：你有汉语词典吗？

B：有。(我有汉语词典。)

汉语书	中国地图
中文杂志	女/男朋友
汉英词典	中文画报

(2) A：你有几本词典？

B：两本。(我有两本词典。)

个	数码相机
件	毛衣
支	笔
张	光盘
个	本子
本	杂志

(3) A：你有没有中国地图？
　　B：没有。(我没有中国地图。)

数码相机	自行车
弟弟	妹妹
中文杂志	手机

(4) A：你们班有多少（个）学生？
　　B：我们班有十八个学生。

十个	女同学
八个	男同学
二十张	桌子
十九把	椅子
十八本	词典
五十四本	汉语书

(5) A：你爸爸在哪儿工作？

　　B：我爸爸在<u>公司</u>工作。

医院	大学
银行	邮局
书店	商店

(6) A：你妈妈做什么工作？

　　B：我妈妈是<u>大夫</u>。

营业员	老师
律师	教授
经理	校长

3 **读下列数目并用汉字写出来**　Read and write out the following numerals in Chinese

　　32　　45　　67　　99　　100
　　166　　208　　423　　911　　1000
　　1109　　6854　　7891　　9806　　10000

4 **用汉字填写数词和量词**　Fill in the blanks with numerals and classifiers

例：8 ____ 学生 → 8 <u>八个</u>学生

(1) 2 _____ 箱子　　　　(2) 7 _____ 书
(3) 4 _____ 照片　　　　(4) 3 _____ 毛衣
(5) 1 _____ 自行车　　　(6) 6 _____ 笔
(7) 5 _____ 本子　　　　(8) 10 _____ 职员
(9) 4 _____ 椅子　　　　(10) 2 _____ 啤酒

5 按照例句提问　Ask questions after the models

> 例：A：你家有几口人？
> B：我家有六口人。
>
> A：你们班有多少（个）学生？
> B：我们班有十八个学生。

(1) A：_____？
　　B：我有四本中文书。

(2) A：_____？
　　B：他有三个中国朋友。

(3) A：_____？
　　B：他家有四口人。

(4) A：_____？
　　B：这个公司有20多个职员。

(5) A：_____？
　　B：我有一本《英汉词典》。

> 例：A：你有没有《汉英词典》？
> B：我没有《汉英词典》。

(1) A：_____？
　　B：我没有《英汉词典》。

(2) A：_____？
　　B：这个大学有八千多个留学生。

(3) A：_____？
　　B：他有中文杂志。

(4) A：_____？

　　B：我们班没有美国学生。

(5) A：_____？

　　B：她没有世界地图。

6 组句　Construct sentences

例：有　你　吗　汉语　词典
→ 你有汉语词典吗？

(1) 没有　他　哥哥　妹妹　和

→ _____

(2) 几个　有　你　中国朋友

→ _____

(3) 你们　有　学生　多少　班

→ _____

(4) 我　有　没　自行车

→ _____

(5) 你　有　没　中国地图　有

→ _____

7 根据实际情况回答下列问题　Answer the questions according to actual situations

(1) 你家有几口人？

_____

(2) 你爸爸在哪儿工作？你妈妈呢？

_____

(3) 你有没有哥哥/姐姐/弟弟/妹妹?
_____

(4) 他们在哪儿工作/学习?
_____

(5) 你有词典吗?
_____

(6) 你有什么词典?
_____

(7) 你有几本词典?
_____

(8) 你有没有中国朋友?
_____

(9) 你们班有多少学生?
_____

(10) 你们班有几个男同学?几个女同学?
_____

8 成段表达　Express yourself

我叫山本。我家有四口人,爸爸、妈妈、姐姐和我。爸爸是一家医院的大夫,他每天工作都很忙。妈妈不工作,在家做家务。姐姐是一家银行的职员。工作也很忙。我是北京语言大学的留学生,我学习汉语。姐姐有一个男朋友,姐姐说她的男朋友很好,我很高兴。我还没有男朋友,但我有很多朋友,有日本朋友,也有外国朋友。

补充生词 Supplementary words		
1. 家务	jiāwù	household duties
2. 高兴	gāoxìng	happy

9 写汉字 Learn to write

只	口	尺	只							
夫	一	二	于	夫						
片	丿	片	片	片						
外	丿	夕	夕	外	外					
司	刁	刁	司	司						
全	人	人	仝	仐	全					
医	一	匚	严	医	医	医				
院	乛	阝	阝	阝'	阵	阵	院	院		
姐	女	如	如	如	姐	姐				
哥	一	一	可	可	哥	哥				
弟	丶	丷	쓰	弟	弟	弟				
都	一	十	土	尹	者	者	者	都	都	
理	一	二	千	王	玑	玾	玾	理	理	

词汇表　Vocabulary

阿拉伯文	（名）	Ālābówén	6
阿拉伯语	（名）	Ālābóyǔ	3
啊	（叹）	à	14
八	（数）	bā	1
爸爸	（名）	bàba	2
白	（形）	bái	1
百	（数）	bǎi	9
班	（名）	bān	12
办公	（动）	bàngōng	10
办公室	（名）	bàngōngshì	10
包子	（名）	bāozi	7
杯	（名）	bēi	14
本	（量）	běn	13
笔	（名）	bǐ	13
比较	（副、动）	bǐjiào	12
别的	（代）	biéde	8
不	（副）	bù	1
不客气		bú kèqi	5
茶	（名）	chá	5
茶叶	（名）	cháyè	13
车	（名）	chē	14
吃	（动）	chī	7
出租车	（名）	chūzūchē	14
词典	（名）	cídiǎn	13
大	（形）	dà	1
大概	（副）	dàgài	15
大学	（名）	dàxué	12
大夫	（名）	dàifu	15
但是	（连）	dànshì	12
蛋	（名）	dàn	7
德国	（名）	Déguó	6
德文	（名）	Déwén	6
德语	（名）	Déyǔ	3
的	（助）	de	6
等	（动）	děng	9
弟弟	（名）	dìdi	2
点儿	（量）	diǎnr	14
电	（名）	diàn	10
电话	（名）	diànhuà	10
都	（副）	dōu	11
读	（动）	dú	12
对	（形）	duì	3
对不起		duì bu qǐ	4
多	（数）	duō	15
多	（形）	duō	8
多少	（代）	duōshao	8
俄国	（名）	Éguó	6
俄文	（名）	Éwén	6
俄语	（名）	Éyǔ	3
二	（数）	èr	4
发音	（名）	fāyīn	6
法国	（名）	Fǎguó	6
法文	（名）	Fǎwén	6
法语	（名）	Fǎyǔ	3

· 152 ·

饭	(名)	fàn	7	欢迎	(动)	huānyíng	11
房间	(名)	fángjiān	10	换	(动)	huàn	9
分	(量)	fēn	8	回	(动)	huí	4
刚	(副)	gāng	14	鸡	(名)	jī	7
港币	(名)	gǎngbì	9	鸡蛋	(名)	jīdàn	7
哥哥	(名)	gēge	2	几	(代)	jǐ	4
个	(量)	gè	7	寄	(动)	jì	3
给	(动)	gěi	8	家	(名、量)	jiā	10
给	(介)	gěi	12	见	(动)	jiàn	3
工作	(名、动)	gōngzuò	5	件	(量)	jiàn	13
公斤	(量)	gōngjīn	8	角（毛）	(量)	jiǎo (máo)	8
公司	(名)	gōngsī	15	饺子	(名)	jiǎozi	7
光盘	(名)	guāngpán	13	叫	(动)	jiào	6
贵	(形)	guì	8	教授	(名)	jiàoshòu	11
贵姓	(名)	guìxìng	6	她	(代)	tā	2
国	(名)	guó	6	姐姐	(名)	jiějie	15
还	(副)	hái	8	介绍	(动)	jièshào	11
还是	(连)	háishi	14	今天	(名)	jīntiān	4
韩国	(名)	Hánguó	6	斤	(量)	jīn	8
韩国语	(名)	Hánguóyǔ	3	进	(动)	jìn	5
韩文	(名)	Hánwén	6	九	(数)	jiǔ	3
汉语	(名)	Hànyǔ	2	酒	(名)	jiǔ	7
好	(形)	hǎo	1	旧	(形)	jiù	13
好久	(名)	hǎojiǔ	14	橘子	(名)	júzi	8
号	(名)	hào	10	觉得	(动)	juéde	12
号码	(名)	hàomǎ	10	咖啡	(名)	kāfēi	14
喝	(动)	hē	5	开	(动)	kāi	14
和	(连)	hé	11	开学		kāi xué	14
黑	(形)	hēi	13	看	(动)	kàn	15
很	(副)	hěn	2	客气	(形)	kèqi	5
红	(形)	hóng	13	口	(名、量)	kǒu	1
话	(名)	huà	10	块（元）	(量)	kuài (yuán)	8

153

来	（动）	lái	14	面条儿	（名）	miàntiáor	7
蓝	（形）	lán	14	名字	（名）	míngzi	6
老师	（名）	lǎoshī	5	明天	（名）	míngtiān	3
里	（名）	lǐ	13	摩托车	（名）	mótuōchē	14
俩	（数）	liǎ	11	哪	（代）	nǎ	6
两	（数）	liǎng	8	哪儿	（代）	nǎr	4
辆	（量）	liàng	14	那	（代）	nà	6
了	（助）	le	8	那儿	（代）	nàr	4
零	（数）	líng	10	那些	（代）	nàxiē	7
留学	（动）	liúxué	11	男	（形）	nán	2
留学生	（名）	liúxuéshēng	11	难	（形）	nán	2
六	（数）	liù	3	呢	（助）	ne	10
楼	（名）	lóu	10	你	（代）	nǐ	1
律师	（名）	lǜshī	15	你好		nǐ hǎo	1
妈妈	（名）	māma	2	你们	（代）	nǐmen	11
马	（名）	mǎ	1	您	（代）	nín	5
马马虎虎	（形）	mǎmahūhū	14	女	（形）	nǚ	1
吗	（助）	ma	2	欧元	（名）	ōuyuán	9
买	（动）	mǎi	8	朋友	（名）	péngyou	6
卖	（动）	mài	8	啤酒	（名）	píjiǔ	7
馒头	（名）	mántou	7	苹果	（名）	píngguǒ	8
忙	（形）	máng	2	瓶	（名、量）	píng	13
没（有）	（动、副）	méi（yǒu）	13	七	（数）	qī	3
没关系		méi guānxi	4	汽车	（名）	qìchē	14
没什么		méi shénme	11	千	（数）	qiān	9
美国	（名）	Měiguó	6	钱	（名）	qián	3
美元	（名）	měiyuán	9	轻	（形）	qīng	13
妹妹	（名）	mèimei	2	请	（动）	qǐng	5
门	（名）	mén	10	请问	（动）	qǐngwèn	6
米	（名）	mǐ	7	取	（动）	qǔ	3
米饭	（名）	mǐfàn	7	去	（动）	qù	3
秘书	（名）	mìshū	11	全	（形、副）	quán	15

人	(名)	rén	6	天	(名)	tiān	4
人民	(名)	rénmín	9	听	(动)	tīng	12
人民币	(名)	rénmínbì	9	同屋	(名)	tóngwū	12
日	(名)	rì	5	同学	(名)	tóngxué	12
日本（国）	(名)	Rìběn（guó）	6	图书馆	(名)	túshūguǎn	9
日文	(名)	Rìwén	6	外国	(名)	wàiguó	15
日用品	(名)	rìyòngpǐn	13	外贸	(名)	wàimào	15
日语	(名)	Rìyǔ	3	碗	(名)	wǎn	7
日元	(名)	rìyuán	9	万	(数)	wàn	9
容易	(形)	róngyì	12	位	(量)	wèi	11
三	(数)	sān	4	文	(名)	wén	6
商店	(名)	shāngdiàn	15	问	(动)	wèn	6
上午	(名)	shàngwǔ	9	我	(代)	wǒ	4
少	(形)	shǎo	8	我们	(代)	wǒmen	11
身体	(名)	shēntǐ	5	五	(数)	wǔ	1
十	(数)	shí	5	西班牙文	(动)	Xībānyáwén	6
什么	(代)	shénme	6	西班牙语	(名)	Xībānyáyǔ	3
食堂	(名)	shítáng	7	西药	(名)	xīyào	13
是	(动)	shì	5	下午	(名)	xiàwǔ	9
手	(名)	shǒu	10	先	(副)	xiān	11
手机	(名)	shǒujī	10	先生	(名)	xiānsheng	9
书	(名)	shū	6	香水	(名)	xiāngshuǐ	13
数	(动)	shǔ	9	箱子	(名)	xiāngzi	13
谁	(代)	shéi/shuí	6	小	(形)	xiǎo	15
水	(名)	shuǐ	13	小姐	(名)	xiǎojie	9
水果	(名)	shuǐguǒ	8	校长	(名)	xiàozhǎng	11
说	(动)	shuō	12	些	(量)	xiē	7
四	(数)	sì	4	写	(动)	xiě	12
他	(代)	tā	2	谢谢	(动)	xièxie	5
他们	(代)	tāmen	11	新	(形)	xīn	12
太	(副)	tài	2	信	(名)	xìn	3
汤	(名)	tāng	7	星期	(名)	xīngqī	4

155

星期二	（名）	xīngqī'èr	4	有（一）点儿		yǒu(yì)diǎnr	14
星期六	（名）	xīngqīliù	4	雨	（名）	yǔ	13
星期三	（名）	xīngqīsān	4	雨伞	（名）	yǔsǎn	13
星期四	（名）	xīngqīsì	4	语法	（名）	yǔfǎ	12
星期天	（名）	xīngqītiān	4	语言	（名）	yǔyán	12
星期五	（名）	xīngqīwǔ	4	杂志	（名）	zázhì	6
星期一	（名）	xīngqīyī	4	再见	（动）	zàijiàn	4
姓	（动、名）	xìng	6	在	（动、介）	zài	10
学	（动）	xué	3	怎么	（代）	zěnme	8
学生	（名）	xuésheng	11	怎么样	（代）	zěnmeyàng	12
学习	（动）	xuéxí	6	张	（量）	zhāng	13
学校	（名）	xuéxiào	4	找	（动）	zhǎo	8
颜色	（名）	yánsè	14	找	（动）	zhǎo	10
药	（名）	yào	13	照片	（名）	zhàopiàn	15
要	（动）	yào	7	这	（代）	zhè	5
要	（能愿）	yào	9	这儿	（代）	zhèr	13
也	（副）	yě	11	这些	（代）	zhèxiē	7
一	（数）	yī	1	支	（量）	zhī	13
一共	（副）	yígòng	8	知道	（动）	zhīdào	10
一会儿	（数量、副）	yíhuìr	9	职员	（名）	zhíyuán	10
一下儿	（数量）	yíxiàr	11	只	（副）	zhǐ	15
一些	（数量）	yìxiē	7	中国	（名）	Zhōngguó	6
医院	（名）	yīyuàn	15	中文	（名）	Zhōngwén	6
椅子	（名）	yǐzi	13	中午	（名）	zhōngwǔ	7
银行	（名）	yínháng	3	中药	（名）	zhōngyào	13
英国	（名）	Yīngguó	6	重	（形）	zhòng	13
英文	（名）	Yīngwén	6	住	（动）	zhù	10
英语	（名）	Yīngyǔ	3	自行车	（名）	zìxíngchē	14
营业员	（名）	yíngyèyuán	9	最近	（名）	zuìjìn	14
邮包	（名）	yóubāo	6	昨天	（名）	zuótiān	4
邮局	（名）	yóujú	3	坐	（动）	zuò	5
有	（动）	yǒu	13	做	（动）	zuò	15

专有名词 Proper Names

爱德华	Àidéhuá	14
北京	Běijīng	3
北京语言大学	Běijīng Yǔyán Dàxué	12
关	Guān	14
李昌浩	Lǐ chānghào	10
林	Lín	12
罗兰	Luólán	11
马	Mǎ	11
玛丽	Mǎlì	7
麦克	Màikè	6
天安门	Tiān'ānmén	4
田芳	Tián Fāng	11
王	Wáng	5
张东	Zhāng Dōng	6

汉语教程（修订本）

杨寄洲 主编

注释文种：英文
适用对象：零起点的汉语学习者
课　　型：综合

课　　时：（一）2学时/课，共30课
　　　　　（二）4学时/课，共20课
　　　　　（三）6～7学时/课，共26课

本套教材是1999年版《汉语教程》的修订本。本次修订在保持原有语言点框架不变的前提下，从原来的100课精简到现在的76课，并且降低了课文的语言难度，一般学校一年都可以学完；删去了部分过时的课文，对于某些课文中不合时宜的内容进行了修改，使教材可以跟上时代和社会的发展；根据教学反馈，改进了某些语言点的讲解，调整了某些语言点的出现顺序，使之更易于教学。

课本

分册	页数	定价	ISBN	出版时间	配套产品
第1册（上）	157页	￥24.00	9787561915776	2006-07	CD 2盘（￥16.00）
第1册（下）	231页	￥33.00	9787561916353	2006-07	CD 1盘（￥9.00）
第2册（上）	172页	￥28.00	9787561916360	2006-07	CD 1盘（￥9.00）
第2册（下）	168页	￥27.00	9787561916377	2006-07	CD 1盘（￥9.00）
第3册（上）	190页	￥34.00	9787561916711	2006-06	CD 2盘（￥16.00）
第3册（下）	218页	￥36.00	9787561916728	2006-06	CD 2盘（￥16.00）

教师用书

分册	页数	定价	ISBN	出版日期
第1、2册	337页	￥49.00	9787561919163	2007-08
第3册	238页	￥37.00	9787561920312	2008-03

汉语听力教程（修订本）

胡波 杨雪梅 编著

注释文种：英文
课　　型：听力
课　　时：（一）1学时/课，共30课

　　本套教材是《汉语听力教程》的修订本，可用作《汉语教程》修订本的配套听力教材，也可作为初级听力训练教材单独使用。

　　为更好地配合《汉语教程》修订本，本书调整了语法项目、生词选用等教学内容，增加了听后回答、提问、填空等功能性练习，并较为严格地控制了录音文本的生词量。根据初级听力教学的需要，每项练习均提供了两遍录音，并预留了做题时间，课本中还标注了录音起始时间，便于课堂和自学使用。

　　全书共3册，每册随书附赠《学习参考》1本，书中为大多数拼音练习加上了汉字提示，方便有需求的学生自主学习。

分册	页数	定价	ISBN	出版日期	配套产品
第1册	164页/165页	￥48.00	978-7-5619-2363-4	2009-06	mp3 3盘（￥24.00）
第2~3册	即将出版				

汉语阅读教程（修订本）

彭志平 赵冬梅 编著

注释文种：英文
课　　型：阅读
课　　时：（一）1学时/课，共30课
　　　　　（二）1学时/课，共20课

　　本套教材是《汉语阅读教程》的修订本，可用作《汉语教程》修订本的配套阅读教材，也可作为初级阅读训练教材单独使用。

　　本书保留了原编写体例，同时为配合《汉语教程》修订本，在生字、词语、课文及练习等内容上也作了较大修改，第一、二册由原来的60课精简为50课。每课课文部分还配有录音，可帮助学生更好地理解课文，培养汉语语感。

分册	页数	定价	ISBN	出版日期	配套产品
第1册	221页	￥38.00	978-7-5619-2240-8	2009-01	CD 1盘（随书附赠）
第2册	174页	￥36.00	978-7-5619-2352-4	2009-04	CD 1盘（随书附赠）
第3册	即将出版				

Embark on your Chinese learning from the website of
Beijing Language and Culture University Press

北京语言大学出版社网站：www.blcup.com

从这里开始……

这里是对外汉语精品教材的展示平台

汇集2000余种对外汉语教材，检索便捷，每本教材有目录、简介、样课等详尽信息。

It showcases BLCUP's superb textbooks on TCFL (Teaching Chinese as a Foreign Language)

It collects more than 2,000 titles of BLCUP's TCFL textbooks, which are easy to be searched, with details such as table of contents, brief introduction and sample lessons for each textbook.

这里是覆盖全球的电子商务平台

在任何地点，均可通过VISA/MASTER卡在线购买。

It provides an E-commerce platform which covers the whole world.

Online purchase via VISA/MASTER can be made in every part of the world.

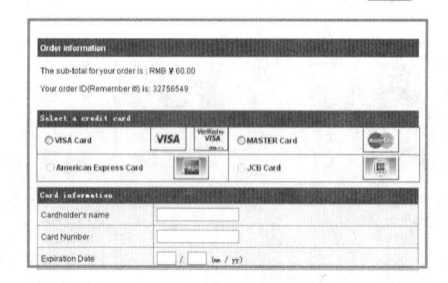

这里是对外汉语教学／学习资源的服务平台

提供测试题、知识讲解、阅读短文、教案、课件、教学示范、教材配套资料等各类文字、音视频资源。

It provides a services platform for Chinese language education for foreigners.

All kinds of written and audio-visual teaching resources are provided, including tests, explanations on language points, reading passages, teaching plans, courseware, teaching demo and other supplementary teaching materials etc.

这里是数字出版的体验平台

只需在线支付，即刻就可获取质高价优的全新电子图书。

It provides digital publication service.

A top-grade and reasonably-priced brand new e-book can be obtained as soon as you pay for it online.

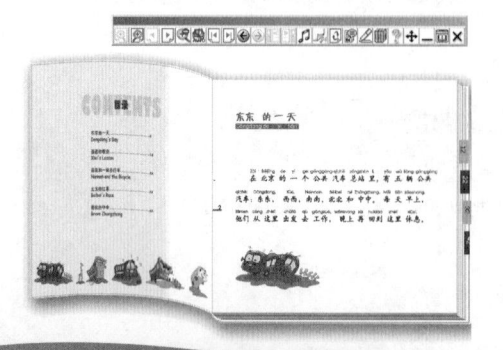

这里是沟通交流的互动平台

汉语教学与学习论坛，使每个参与者都能共享海量信息与资源。

It provides a platform for communication.

This platform for Chinese teaching and learning makes it possible for every participant to share our abundant data and resources.